N. B. Mahesh Kumar
Premalatha Kandhasamy

Autenticação da impressão da palma da mão através da Transformada Ortonormal Discreta de Stockwell

N. B. Mahesh Kumar
Premalatha Kandhasamy

Autenticação da impressão da palma da mão através da Transformada Ortonormal Discreta de Stockwell

ScienciaScripts

Imprint

Cover image: www.ingimage.com

This book is a translation from the original published under ISBN 978-620-2-06697-6.

Publisher:
Sciencia Scripts
is a trademark of
Dodo Books Indian Ocean Ltd. and OmniScriptum S.R.L publishing group

120 High Road, East Finchley, London, N2 9ED, United Kingdom
Str. Armeneasca 28/1, office 1, Chisinau MD-2012, Republic of Moldova, Europe
Printed at: see last page
ISBN: 978-620-7-92131-7

ÍNDICE DE CONTEÚDOS

CAPÍTULO 1

INTRODUÇÃO À BIOMETRIA

Este capítulo destaca a importância da biometria da impressão palmar, da biometria da impressão digital e das suas medidas de desempenho. Também são apresentadas neste capítulo as características das características locais e globais.

1.1 Introdução

A biometria refere-se a tecnologias para medir e analisar as características fisiológicas ou comportamentais de uma pessoa (Wayman 2001). Estas características são únicas para os indivíduos e podem ser utilizadas para verificar ou identificar uma pessoa. As aplicações da biometria aumentaram consideravelmente nos últimos anos e prevê-se que aumentem num futuro próximo. Dependendo da utilização da biometria, as aplicações são categorizadas nos seguintes cinco grupos principais: forense, governamental, comercial, de cuidados de saúde e de viagens-imigração. No entanto, algumas aplicações são comuns a estes grupos, como o acesso físico, o acesso a computadores pessoais/redes, o controlo do tempo e da assiduidade, etc.

A biometria tem merecido uma atenção crescente no mundo eletrónico. Foram utilizados diferentes tipos de biometria em diferentes aplicações. Há muito poucos sistemas biométricos de qualidade disponíveis no mercado. No sistema de segurança são utilizados três tipos diferentes de autenticação. O primeiro tipo de autenticação é o sistema de palavra-passe e o sistema de número de índice postal (PIN). O segundo tipo de autenticação é uma chave de cartão, um cartão inteligente ou um sistema de fichas. O terceiro tipo de autenticação é a tecnologia biométrica. De entre estes tipos de autenticação no sistema de segurança, a biométrica é a ferramenta de autenticação mais segura e expedita.

A biometria não pode ser facilmente emprestada, roubada ou esquecida, em comparação com os sistemas de segurança tradicionais. A falsificação do sistema biométrico é praticamente impossível. Refere-se às características físicas ou comportamentais únicas de uma pessoa para distinguir ou autenticar a sua própria identidade. As várias biometrias físicas são as impressões digitais (Belguechi et al 2013), a geometria da mão ou da palma da mão (Matos et al 2012), a retina (Hussain et al 2013), a técnica da íris considerada como uma medida de semelhança em certos sistemas biométricos (Miyazawa et al 2008), a face (Yuchun et al 2002), a impressão da palma da mão (Sun et al 2005), a veia da mão (Huang et al 2013), a veia da palma da mão (Venkat Narayana & Preethi 2010), impressão digital (Nanni & Lumini 2009) ou orelha (Middendorff 2011). A biometria comportamental consiste na assinatura (Bertolini et al 2010), na voz (Hollein 2002), no padrão de digitação (Pin et al 2013) e na marcha (Hoang et al 2013).

1.1.1 Sistemas biométricos

O traço biométrico pode ser adquirido de um indivíduo e, em seguida, o conjunto de características é extraído dos dados adquiridos. Por fim, este conjunto de características é comparado com o conjunto de modelos da base de dados. Por conseguinte, o sistema biométrico é também referido como um sistema de reconhecimento de padrões. O sistema biométrico pode funcionar quer em modo de verificação quer em modo de identificação, consoante a aplicação a que se destina no sistema de segurança. No modo de verificação, a identidade de uma pessoa é autenticada no sistema de segurança através da comparação do traço biométrico captado com o(s) próprio(s) modelo(s) biométrico(s) armazenado(s) na base de dados do sistema. Uma pessoa pode reconhecer a sua identidade com a ajuda de um PIN, de um nome de utilizador ou de um cartão inteligente. Neste caso, o sistema biométrico efectua uma correspondência um a um para determinar se a individualidade da pessoa está correcta ou não. A verificação da identidade é sobretudo utilizada para o reconhecimento positivo. O objetivo da verificação da individualidade é evitar que várias pessoas consumam a mesma singularidade. O sistema reconhece uma pessoa procurando nos modelos de verificação de todos os utilizadores da base de dados uma correspondência na abordagem de identificação. Por conseguinte, o sistema efectua uma correspondência de um para muitos para estabelecer a identidade de um indivíduo (ou falha se o sujeito não estiver registado na base de dados do sistema) sem que o sujeito tenha de reivindicar uma identidade.

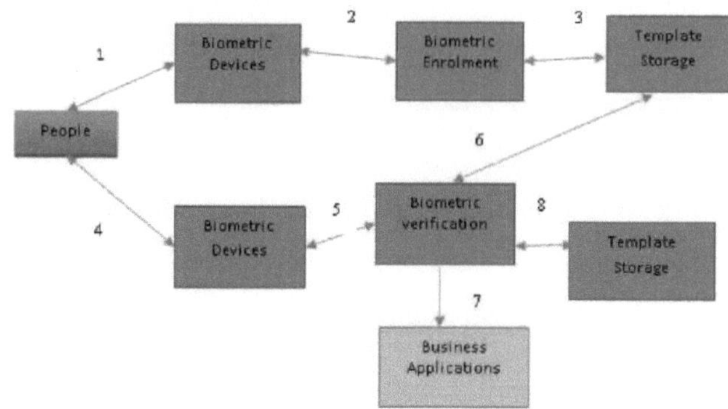

Figura 1.1Princípio de funcionamento do sistema biométrico

As várias etapas envolvidas na Figura 1.1 são apresentadas a seguir:

Passo 1: Capturar a biometria escolhida;

Passo 2: Processar a biometria e extrair e registar os modelos biométricos;

Passo 3: Armazenar o modelo num repositório local ou num token portátil, como um cartão inteligente

código;

Passo 4: Digitalização em direto da biometria escolhida;

Etapa 5: Processar a biometria e extrair o modelo biométrico;

Passo 6: Comparar o modelo biométrico digitalizado com os modelos armazenados;

Passo 7: Atribuir uma pontuação correspondente à aplicação da empresa;

Etapa 8: Registar uma pista de auditoria segura relativamente à utilização do sistema.

O sistema biométrico está dividido em quatro módulos principais.

1. Módulo sensor: Capta o traço biométrico de uma pessoa.

2. Módulo de extração de características: O traço biométrico obtido a partir do módulo sensor é processado para extrair um conjunto de características salientes ou discriminatórias.

3. Módulo de correspondência de padrões: A informação extraída no módulo de extração de características é comparada com os modelos para gerar as pontuações de correspondência.

4. Módulo de base de dados do sistema: É utilizado no sistema biométrico para armazenar os modelos biométricos dos utilizadores registados. O módulo de registo é responsável pelo registo dos indivíduos na base de dados do sistema biométrico. O leitor biométrico é utilizado para digitalizar os traços biométricos de um indivíduo para produzir a representação digital ou os valores das características biométricas durante a fase de registo. Os dados captados durante o processo de registo podem ou não ser supervisionados por um ser humano, dependendo da aplicação. Normalmente, é efectuado um teste de eminência para garantir que a amostra adquirida é relativamente processada por fases sucessivas. O extrator de características é utilizado para processar a representação digital a fim de facilitar a correspondência e gerar uma representação compacta mas dispendiosa, designada por modelo. O modelo é armazenado na base de dados central de um sistema biométrico, dependendo da aplicação. Os modelos são também registados num cartão inteligente emitido para o indivíduo. Normalmente, são armazenados diferentes modelos de um indivíduo para ter em conta as variações observadas no traço biométrico e os modelos na base de dados podem ser actualizados ao longo do tempo.

As duas técnicas diferentes para medir a exatidão biométrica são a taxa de falsa aceitação (FAR) e a taxa de falsa rejeição (FRR). A entrada limitada é permitida para autorizar os utilizadores através de dois métodos centrados na capacidade do sistema. A sensibilidade do mecanismo é ajustada de acordo com a biometria. Com base nessa sensibilidade, as medidas biométricas podem variar significativamente.

1.2 Biometria da palma da mão

A verificação das impressões palmares é efectuada de forma diferente da tecnologia das impressões digitais. Os leitores ópticos utilizados na tecnologia de impressões digitais são utilizados na leitura de impressões palmares. O tamanho do scanner de impressões palmares é maior. É um fator limitativo quando utilizado em estações de trabalho ou dispositivos móveis. As palmas das mãos humanas contêm um padrão de sulcos e vales muito semelhante ao das impressões digitais. A região da palma da mão é muito mais elevada do que a região de um dedo. Por conseguinte, as impressões palmares são mais distintivas do que as impressões digitais. O scanner de impressões palmares é utilizado para captar a grande área da palma da mão. O scanner de baixa resolução é utilizado para captar as características distintivas adicionais, como as linhas principais e as rugas da impressão palmar. É muito económico. Finalmente, é utilizado para captar todas as características da impressão palmar, como a geometria da mão, as características das cristas e dos vales (por exemplo, minúcias e pontos singulares como deltas), as linhas principais e as rugas.

O reconhecimento de impressões palmares implementa inerentemente muitas das mesmas características de correspondência que permitiram que o reconhecimento de impressões digitais fosse uma das biometrias mais conhecidas e divulgadas. A biometria da palma da mão e do dedo é representada pela informação apresentada numa impressão de crista de fricção. As palmas das mãos e as impressões digitais são utilizadas como uma forma fiável de identificação há mais de um século. A imagem captada a partir da região da palma da mão refere-se à impressão palmar. A imagem captada a partir de um scanner ou de um dispositivo de carga acoplada (CCD) é conhecida como imagem em linha. A imagem obtida com a ajuda de tinta e papel é conhecida como imagem offline. A palma da mão é constituída por linhas principais, rugas (linhas secundárias) e cristas epidérmicas. As características da impressão palmar são diferentes das características da impressão digital. A impressão da palma da mão contém também outras características, tais como reentrâncias e marcas. Estas características são utilizadas para comparar uma palma com outra palma. As impressões palmares são utilizadas para fins ilegais, patológicos ou lucrativos.

O padrão da impressão palmar não pode ser duplicado com o de outras pessoas, mesmo em gémeos monozigóticos. Por conseguinte, a impressão palmar é utilizada como identificador humano altamente fiável. Os pormenores dos sulcos da impressão palmar são estáveis. A informação mantém-se inalterada ao longo de toda a vida, exceto no que diz respeito ao alcance. Após a morte, a desintegração da pele ocorre por último na zona da impressão palmar. Em combinação com outras características biométricas físicas, a verificação da impressão palmar tem várias vantagens:

- Imagens de baixa resolução
- Baixa intrusividade
- Características da linha estável
- Dispositivo de captura de baixo custo

A impressão palmar cobre uma área mais vasta do que a impressão digital. Contém informações úteis para o reconhecimento. As linhas dominantes na impressão palmar são conhecidas como três linhas principais. As linhas mais fracas e irregulares da palma da mão são conhecidas como rugas. O sistema biométrico de impressões palmares não requer um dispositivo de aquisição de alta resolução. As linhas principais e as rugas também são adquiridas utilizando um dispositivo de aquisição de baixa resolução, como 100 dpi (pontos por polegada) ou menos.

1.2.1 Pré-processamento e extração de ROI para biometria de impressões palmares

A região da impressão palmar é extraída através do pré-processamento da imagem da mão adquirida. A área quadrada dentro da região da palma da mão na imagem da mão é considerada como a impressão da palma da mão ou Região de Interesse (ROI). Devido às condições de iluminação uniformes, regulares e controladas durante a aquisição da imagem, a imagem da mão obtida e o seu fundo contrastam em termos de cor. A imagem de entrada de amostra é mostrada na Figura 1.2(a), 1.3(a) e 1.4(a) para a base de dados PolyUPalmprint, a base de dados COEP Palmprint e a base de dados IIT - Delhi Palmprint. A mão do fundo é extraída através da aplicação do Global Thresolding. As operações morfológicas de abertura e fecho são utilizadas para eliminar pequenas manchas ou buracos isolados. O contorno da imagem da mão a partir da impressão palmar é obtido através da aplicação do algoritmo Contour-tracing. A extração de ROI para a base de dados PolyUPalmprint, a base de dados COEP

Palmprint e a base de dados IIT Delhi Palmprint é a mesma que em (Zhang et al 2003), (Badrinath & Gupta 2010) e (Badrinath & Gupta 2010) das Figuras 1.2(b), 1.3(b) e 1.4(b), respetivamente.

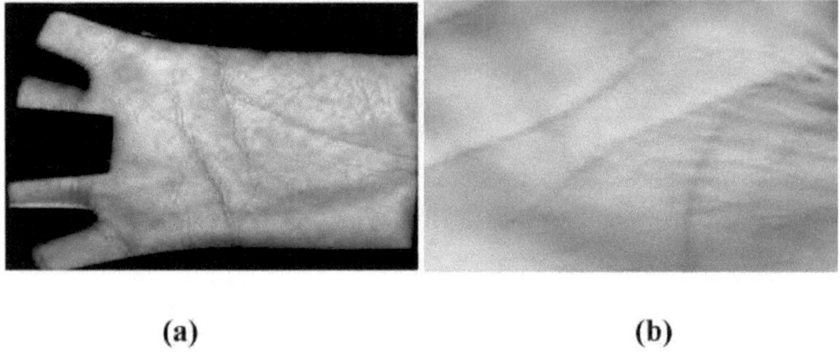

(a) **(b)**

Figura 1.2 (a) Exemplo de imagem de entrada, (b) imagem ROI para a base de dados PolyUpalmprint

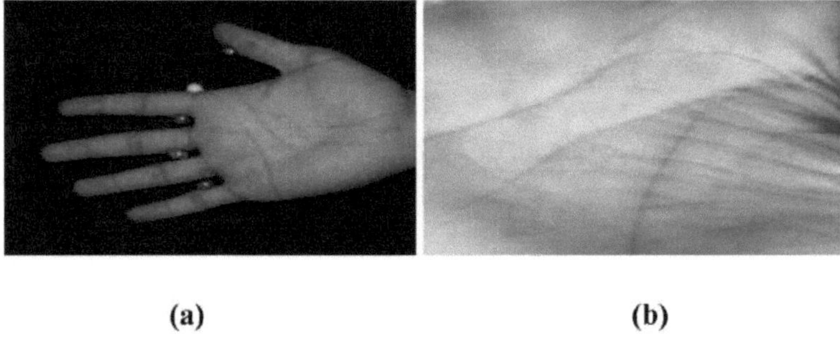

(a) **(b)**

Figura 1.3 (a) Exemplo de imagem de entrada, (b) imagem ROI para a base de dados de impressões palmares COEP

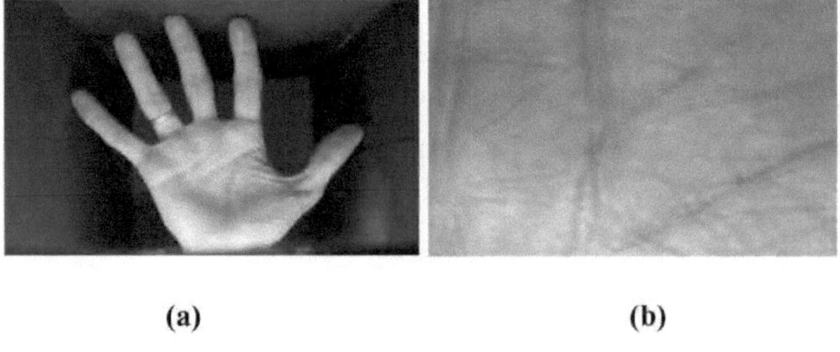

(a) **(b)**

Figura 1.4 (a) Exemplo de imagem de entrada, (b) imagem ROI para a base de dados de impressões palmares do IIT Delhi

1.3 Biometria das impressões digitais

Os analistas biométricos especializaram-se menos na impressão digital (FKP), que é apresentada no domínio da investigação. O sistema biométrico FKP proporciona um elevado nível de segurança ao identificador humano. O padrão de imagem da pele na superfície posterior do dedo é conhecido como FKP. Não é um sistema de reconhecimento biométrico popular em comparação com o sistema biométrico de impressões digitais. A correspondência dos padrões das articulações dos dedos ajuda a identificar os suspeitos e a encontrar provas científicas válidas a partir das imagens. Se não existirem informações sobre as impressões digitais ou o rosto, esta é a melhor opção entre as imagens disponíveis no mercado. A escolha da biometria é uma tarefa difícil para os investigadores. Uma vez que é sem contacto, há a possibilidade de haver menos provas de presença física, ou seja, de antispoofing. A impressão digital da junta dos dedos tem uma região muito texturada. Estão disponíveis muitas amostras por mão e são independentes de qualquer aspeto comportamental.

1.3.1 Anatomia da impressão digital da articulação do dedo

Cada dedo tem três articulações. As falanges proximais, as falanges centrais e as falanges distais são os três ossos de cada dedo. A falange proximal é a primeira articulação onde o dedo se junta à mão. A articulação interfalângica proximal (PIP) é a segunda articulação. A articulação interfalângica distal (DIP) é a última articulação do dedo, como mostra a Figura 1.5 (Kulkarni & Rout 2012). O padrão de imagem da pele na superfície posterior do dedo é conhecido como impressão da junta do dedo. A junta do dedo é também conhecida como dorso da mão. O padrão cutâneo inerente à superfície exterior em torno da articulação da falange do dedo tem uma grande capacidade para discriminar pessoas completamente diferentes. Este padrão de imagem da impressão da junta do dedo é único e pode ser obtido em linha ou fora de linha para autenticação. A extração das características da junta do dedo para identificação depende totalmente do utilizador.

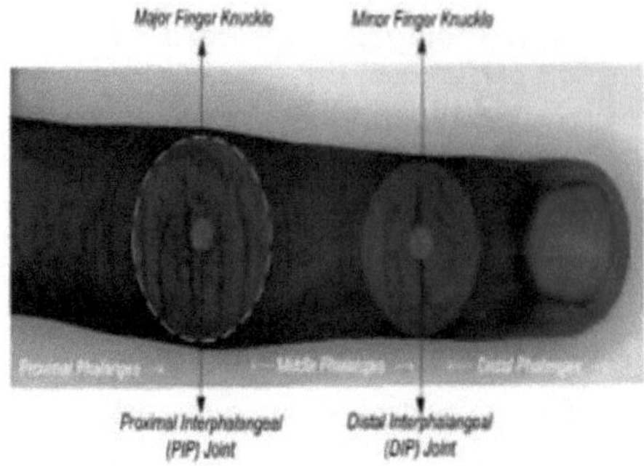

Figura 1.5 Anatomia da impressão digital da articulação do dedo

Vários investigadores científicos exploraram as opções de autenticação, como mostra a Figura 1.6 (Kulkarni & Rout 2012). Um par de características na FKP é o centro da articulação da falange, a linha formada em U à volta da falange média, o número de linhas, o comprimento e o espaçamento entre linhas. Os padrões de dobras dos nós dos dedos e as marcas dispersas são considerados como um método de identificação fotográfica. Estas características são únicas e são utilizadas para um processo de identificação.

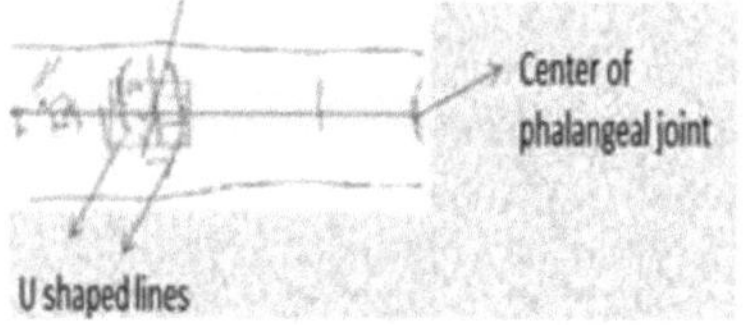

Figura 1.6 Características das impressões digitais das articulações dos dedos

A obtenção de imagens sem contacto da superfície posterior do dedo é muito conveniente para os utilizadores. As imagens também podem ser adquiridas em linha utilizando um scanner ou uma câmara CCD. As imagens adquiridas são utilizadas para extrair características dos nós dos dedos invariantes em termos de escala, translação e rotação para a identificação do utilizador (Kumar & Zhou 2009). É referido que o padrão da pele no FKP é altamente rico em textura devido às rugas e vincos da pele e, por conseguinte, é medido como um identificador biométrico. Além disso, as vantagens da utilização da FKP incluem a riqueza da informação em termos de textura, a disponibilidade simples, a aquisição de imagens sem contacto, a invariância em relação às emoções e a outros aspectos comportamentais, como a fadiga, a estabilidade da informação e a adequação na sociedade. Apesar destas características e vantagens da utilização do FKP como identificador biométrico, existem poucos trabalhos na literatura. A utilização da junta do dedo para identificação pessoal é demonstrada nos resultados assegurados e gerou um grande interesse pela biometria. No entanto, os esforços de investigação para averiguar a utilidade dos padrões da junta dos dedos para a identificação pessoal foram muito limitados. Consequentemente, não existe uma utilização reconhecida do padrão dos nós dos dedos em aplicações comerciais ou civis. Espera-se que a aceitação do utilizador em relação à utilização do padrão da junta do dedo na identificação humana seja muito elevada (Kumar & Zhou 2009).

1.3.1 Pré-processamento e extração de ROI para biometria de impressões digitais

As imagens FKP recolhidas de diferentes dedos são extremamente variadas. A localidade espacial é diferente para as várias imagens FKP. Por conseguinte, cada imagem FKP é alinhada através da construção de um sistema de coordenadas local. A Figura 1.7 (a) mostra o dispositivo sensor de imagens FKP e a Figura 1.7 (b) mostra um exemplo de imagem de impressão digital. A Figura 1.8 (c) e a Figura 1.8 (d) mostram a técnica de extração de ROI e a imagem extraída, respetivamente.

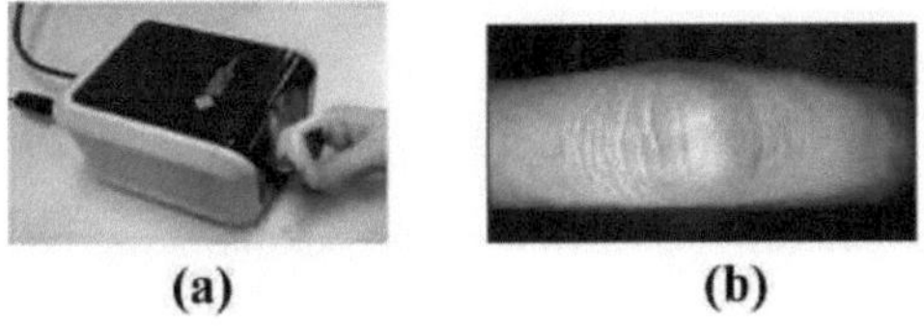

Figura 1.7 FKP (a) Dispositivo sensor de imagem (b) Imagem de amostra

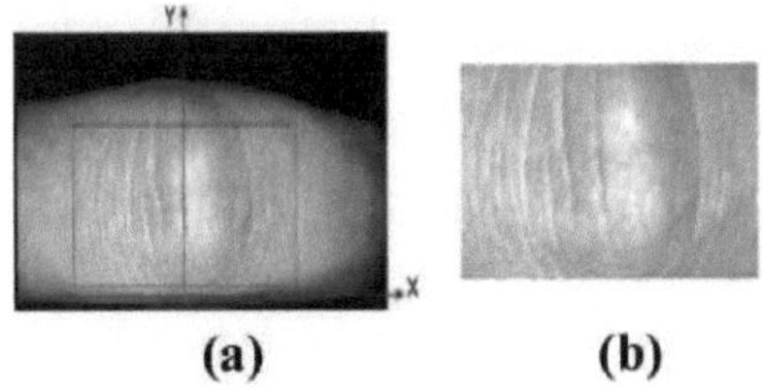

Figura 1.8 (a) Técnica de extração da ROI (b) Imagem da ROI

1.4 Vantagens da impressão digital e da impressão palmar

- Sem expressão, pose e envelhecimento.
- Sem oclusão, menos cooperação, sensores económicos.
- Os cultivadores e os trabalhadores têm impressões de qualidade tão boa como os outros.
- Não há estigma de investigação criminal associado à superfície das impressões palmares e das juntas dos dedos.
- Não é fácil de desgastar.
- Elevada aceitação por parte dos utilizadores.

1.5 Características locais e globais

As características extraídas da imagem da impressão palmar são classificadas em características locais e globais. As características locais caracterizam as principais características topológicas de uma pequena parte da trajetória. As características globais caracterizam a relação de diferentes segmentos de linha dentro de uma trajetória. O conteúdo global e a forma dos objectos na imagem representam as características globais. A informação específica nas regiões locais é definida como características locais. As vantagens das características locais são definidas em termos de tamanho do modelo e da sua capacidade de discriminação. Mas as características locais também têm inconvenientes inevitáveis na utilização prática. Devido à sensibilidade da imagem da impressão palmar, é difícil obter exatamente as características locais. O desempenho das características locais é degradado devido à fraca qualidade da impressão palmar e da área de captura. As características globais representam a impressão da palma da mão numa perspetiva global. A maior parte das características globais são contínuas e suaves em todo o lado, exceto em algumas regiões especiais. As características globais são extraídas de forma mais consistente a partir da má qualidade das impressões palmares parciais. O armazenamento direto e a comparação das características pixel a pixel consome demasiado espaço e tempo.

A correspondência baseada em características globais sobrepõe dois modelos dados com diferentes parâmetros de transformação e calcula a pontuação de semelhança entre as células correspondentes. Em comparação com as características locais, as características globais são menos distintas e, por isso, são frequentemente exploradas em conjunto com outras características ou na fase de pré-processamento da correspondência de impressões palmares. Tanto as características locais como as globais são bastante independentes. Além disso, captam a informação atual e, por conseguinte, é realista melhorar a capacidade de discriminação da correspondência através da fusão de características. As características locais e globais são combinadas na fase de correspondência com estratégias de fusão acessíveis ao nível das características. As características locais e globais combinadas melhoram o desempenho dos sistemas de impressões palmares em bases de dados de grande escala. A seleção de características é essencial para uma combinação eficaz de características. A combinação de características irrelativas melhora a exatidão ou a eficiência dos sistemas biométricos de impressões palmares. A abordagem hierárquica adequada é utilizada para reduzir o tempo adicional ou o custo de memória necessários para a fusão das características locais e globais.

1.6 Declaração do problema

No sistema biométrico, é estabelecida a identidade correcta dos proprietários utilizando características calculadas a partir dos dados. Atualmente, os métodos de análise do subespaço são eficazes para o reconhecimento facial, mas podem não ser capazes de extrair eficazmente as características distintivas de linha e de junção da superfície da impressão palmar e da junta do dedo. Por conseguinte, são utilizados métodos baseados na transformação para extrair as características locais e globais da superfície da palma da mão e da junta do dedo para avaliar o desempenho do sistema biométrico. A fusão das características locais e globais permite uma maior precisão de reconhecimento. Atualmente, as técnicas baseadas em várias escalas e em várias resoluções estão a ser exploradas como potenciais candidatas a uma implementação eficiente do reconhecimento de impressões palmares e de dedos.

1.7 Motivação

As abordagens biométricas baseadas na impressão da palma da mão e no FKP têm sido objeto de um desenvolvimento intensivo nos últimos anos, uma vez que apresentam várias vantagens em relação aos outros sistemas. As imagens de impressões palmares são obtidas com câmaras e scanners de baixa resolução e, mesmo assim, contêm informação suficiente para obter boas taxas de reconhecimento. A FKP tem uma região com muita textura. Estão disponíveis muitas amostras de diferentes mãos e são independentes de qualquer aspeto comportamental. As impressões palmares e as FKP possuem todas as propriedades seguintes: universalidade, singularidade, permanência, mensurabilidade, desempenho, aceitabilidade e evasão. De um modo geral, os sistemas baseados nas impressões palmares e nas impressões das juntas dos dedos são equilibrados em termos de custo e desempenho.

1.8 Objectivos

Os métodos biométricos de autenticação e identificação de pessoas são cada vez mais utilizados tanto no sector comercial como no privado. Os sistemas biométricos atualmente disponíveis no mercado revelam uma boa fiabilidade. No entanto, não são geralmente aceites pelos utilizadores. Os utilizadores mostraram antipatia em relação a tocar num leitor de impressões digitais possivelmente sujo ou a olhar para um leitor de íris que poderia funcionar mal e eventualmente prejudicar a sua visão. O facto de esses receios terem ou não fundamento é menos importante. O facto é que têm uma influência considerável na aceitação do utilizador. E o consentimento do utilizador é importante para uma boa e bem sucedida aplicação de um sistema biométrico, bem como para boas taxas de reconhecimento. Em resposta à crescente procura de sistemas biométricos fiáveis e de fácil utilização, este trabalho investiga a aplicabilidade da impressão da palma da mão e do FKP como características biométricas para autenticação. A utilização da impressão da palma da mão ou do FKP como sistema biométrico evita problemas como os mostrados anteriormente, uma vez que não requer a interação do sujeito.

Os principais objectivos da tese são

- Propor as técnicas baseadas na transformação que são utilizadas para alcançar uma maior precisão de reconhecimento e uma taxa de erro igual mais baixa
- Examinar o desempenho das técnicas propostas em comparação com as metodologias existentes

1.9 Conjuntos de dados biométricos

1.9.1 Conjuntos de dados de impressões palmares do Colégio de Engenharia de Pune (COEP)

A base de dados de impressões palmares do COEP (COEP Palm Print Database (College of Engineering Pune) 2010) é constituída por 8 imagens diferentes da palma da mão de uma pessoa. A base de dados é constituída por um total de 1344 imagens relativas a 168 pessoas. O conjunto de dados foi recolhido durante um período de um ano. As imagens foram captadas com uma câmara digital. A resolução das imagens é de 1600×1200 pixéis.

1.9.2 Os conjuntos de dados PolyUPalmprint

A base de dados PolyUPalmprint (Zhang 2010) contém 7752 imagens em escala de cinzentos correspondentes a 386 palmeiras diferentes em formato de imagem BMP (Bitmap). São recolhidas 20 amostras de cada uma destas palmas em duas sessões. Cada 10 amostras foram capturadas na primeira sessão e na sessão seguinte, respetivamente. O intervalo médio entre a primeira e a segunda recolha é de dois meses.

1.9.3 Conjuntos de dados de impressões palmares sem contacto do Instituto Indiano de Tecnologia (IIT Delhi)

A base de dados de imagens de impressões palmares do IIT-Delhi (Kumar 2007) consiste em imagens de mãos recolhidas junto dos estudantes e do pessoal do IIT-Delhi, na Índia. Este conjunto de dados foi adquirido no campus do IIT-Delhi entre julho de 2006 e junho de 2007, utilizando uma configuração de imagem simples e sem contacto. As imagens são recolhidas em ambiente interior e utilizam iluminação fluorescente circular em torno da lente da câmara. O conjunto de dados atualmente acessível é constituído por 235 utilizadores. Todos os sujeitos da base de dados têm idades compreendidas entre os 12 e os 57 anos. Em cada sujeito, são recolhidas sete imagens de cada uma das mãos esquerda e direita. Todas as imagens foram recolhidas com diferenças flutuantes de postura da mão. Todos os sujeitos recebem feedback em direto para apresentar a mão da pessoa na região de captação de imagens. A captação de imagens sem contacto tem como consequência maiores variações na escala da imagem. A resolução destas imagens é de 800 × 600 píxeis e todas elas estão disponíveis em formato bitmap. Por fim, 150 × 150 píxeis são cortados automaticamente e estão também disponíveis imagens normalizadas das impressões palmares.

1.9.4 Conjuntos de dados das impressões digitais da PolyU

A base de dados PolyU FKP (Zhang 2009) é constituída por 7920 imagens recolhidas de 660 dedos diferentes. As amostras são recolhidas em duas sessões separadas. Em cada sessão, são recolhidas seis imagens do indicador esquerdo e do dedo médio esquerdo e do indicador direito e do dedo médio direito. De cada pessoa, são recolhidas 48 imagens de 4 dedos. O tamanho das imagens FKP adquiridas é de 768×576 com uma resolução superior a 400 dpi. Com base nas experiências, as imagens de alta resolução não são necessárias para a extração de características e a correspondência de padrões. Por conseguinte, é aplicada uma operação de suavização gaussiana à imagem original. A imagem suavizada é reduzida a uma amostragem de cerca de 150 dpi. Assim, o tamanho das imagens ROI é de 110×220 pixéis.

1.10. Métricas de desempenho

Os testes de desempenho constituem um aspeto crítico das avaliações de modalidades biométricas. Os investigadores podem recorrer a uma vasta gama de métricas de avaliação do desempenho que avaliam a exatidão e a facilidade de utilização do sistema funcional. A escolha das métricas utilizadas nos testes de desempenho é considerada pelo tipo de modalidade ou sistema biométrico que está a ser avaliado, precisamente, se o esquema é de natureza tradicional (ou seja, uma modalidade de identificação de transação única bem estabelecida, como o reconhecimento de impressões digitais, rosto ou íris) ou de natureza nova (por exemplo, uma modalidade emergente, como o Pulse, ou uma aplicação inovadora, como a biometria cognitiva).

Os indicadores de desempenho tradicionais descrevem a exatidão, a precisão e a facilidade de utilização do sistema. A capacidade de um sistema de autenticação para medir uma biometria com um elevado grau de aproximação ao valor real da biometria é conhecida como exatidão. A repetibilidade das medições exactas do sistema ao longo do tempo é conhecida como precisão. A facilidade com que um sistema é utilizado é designada por usabilidade. A maioria das métricas tradicionais de desempenho biométrico deriva da teoria da deteção de sinais. Procura quantificar a capacidade de discernir entre padrões de energia portadores de informação (sinais) e os padrões de energia aleatórios (ruído) que obstruem a deteção e a aquisição de padrões informativos. As métricas tradicionais de desempenho biométrico são referidas e aplicadas de várias formas, tendo em consideração: tipo de avaliação de desempenho (testes técnicos, de cenário ou operacionais), avaliação de componentes de desempenho (deteção, aquisição, registo, correspondência e autenticação), factores humanos (usabilidade), entre outros.

O desempenho de uma caraterística biométrica, resultado ou aplicação é distinguido por métricas diferentes. O utilizador precisa de registar os seus traços biométricos quando o sistema biométrico é utilizado pela primeira vez. O sistema biométrico necessita das impressões palmares e das impressões digitais do operador. Este registo é armazenado na base de dados como um modelo. Está internamente ligado a um ID (identificação) de utilizador. A entrada biométrica é comparada com os modelos na base de dados por um algoritmo de correspondência de padrões quando o utilizador pretende autenticar ou identificar a pessoa pela primeira vez.

As métricas de desempenho geralmente adoptam o sistema de taxas para cada métrica. É importante notar que a taxa medida/observada em qualquer avaliação é distinta da taxa prevista/esperada que ocorre em sistemas biométricos implantados e totalmente operacionais (as taxas de desempenho previstas/esperadas podem ser aferidas utilizando as taxas medidas/observadas).

1.10.1 Taxa de falsa aceitação e taxa de falsa rejeição

A probabilidade de o sistema autorizar incorretamente um indivíduo não autorizado devido a uma correspondência incorrecta entre a entrada biométrica e um modelo é conhecida como taxa de falsa aceitação. A FAR é normalmente expressa como uma percentagem **de** entradas inválidas que são incorretamente aceites. A taxa de falsa aceitação é também designada por taxa de falsa correspondência.

A taxa de falsa aceitação descreve a proporção de transacções de identificação ou verificação em que um sujeito impostor é incorretamente comparado com um modelo de utilizador genuíno armazenado num sistema biométrico. A FAR reflecte a capacidade de um utilizador não autorizado aceder a um sistema, quer através de tentativas de acesso sem esforço, quer através de falsificação deliberada ou de outros métodos de evasão.

A probabilidade de o sistema rejeitar incorretamente o acesso a um indivíduo autorizado devido à deterioração da correspondência errada é conhecida como taxa de falsa rejeição. A FRR é normalmente expressa como uma percentagem de entradas válidas que são incorretamente rejeitadas. A FAR e a FRR dependem muito do fator biométrico e da implementação técnica da solução biométrica. É determinada uma FRR pessoal para cada indivíduo porque a FRR depende exclusivamente da pessoa. Tenha isto em conta ao determinar a FRR de uma solução biométrica; uma pessoa não é suficiente para estabelecer uma FRR global para uma solução. Devido a condições ambientais ou a uma utilização incorrecta, por exemplo, quando se utilizam impressões palmares sujas num leitor de impressões palmares, a FRR aumenta. Na maioria dos casos, a FRR diminui quando um utilizador ganha mais experiência na utilização do dispositivo ou software biométrico. A taxa de falsa rejeição é por vezes referida como taxa de falsa não correspondência.

A FRR descreve a proporção de transacções de identificação ou verificação em que uma pessoa genuína é incorretamente rejeitada por um sistema biométrico. A FRR pode ocorrer como resultado de um erro de apresentação do utilizador ou da exploração de modelos de autenticação anteriormente registados.

A FAR e a FRR são as principais métricas para as soluções biométricas; certos dispositivos biométricos ou software permitem mesmo afiná-las de modo a que o sistema corresponda ou rejeite mais rapidamente. Tanto a FRR como a FAR são significativas, mas para a maioria das aplicações uma delas é considerada a mais importante. Dois exemplos para exemplificar este facto:

1. Quando a biometria é utilizada para o controlo lógico ou físico da entrada, o objetivo da aplicação é proibir o acesso a pessoas não autorizadas em todas as situações. É evidente que é desejável um FAR muito baixo para uma aplicação deste tipo, mesmo que isso implique uma FRR mais elevada.

2. Quando as câmaras de vigilância são utilizadas para rastrear uma multidão de pessoas em busca de crianças desaparecidas, o objetivo da aplicação é identificar quaisquer descendentes desaparecidos que apareçam no ecrã. Quando a identificação desses descendentes é efectuada por computador, utilizando um software de reconhecimento facial, este software tem de ser configurado com uma FRR baixa. Como tal, uma maior quantidade de correspondências serão falsos positivos, mas estes são estudados rapidamente pelo pessoal de vigilância.

1.10.2 Velocidade

O tempo necessário para registar as pessoas no modelo e o tempo necessário para que uma pessoa seja autenticada são dados pelos fabricantes de dispositivos biométricos e de software.

1.10.3 Taxa de erro igual (EER)

A taxa de erro igual descreve o ponto em que as taxas de erro genuíno e impostor estão mais próximas de zero. A EER pode ser representada como uma percentagem com factores de tempo/unidade (por exemplo, resultados de "8,3% EER para 1seg/1 batimento cardíaco" num estudo de modalidade de pulso). O EER não é benéfico para considerar o desempenho definitivo do esquema, mas pode ser útil como um indicador de desempenho de primeira ordem para sistemas de verificação 1:1.

1.10.4 Taxa de Classificação Correcta (CCR)

A precisão da classificação representa, muito frequentemente, a proporção de perfis que corresponde corretamente aos utilizadores. A métrica da taxa de classificação correcta aparece frequentemente em estudos que envolvem conjuntos de dados muito pequenos - por exemplo, 100% de precisão de classificação alcançada num estudo EEG entre cinco pessoas.

1.10.5 Curvas de apresentação de dados

Para além das métricas baseadas em taxas, são normalmente utilizados diferentes tipos de curvas de apresentação de dados para descrever e modelar o desempenho biométrico. As métricas de desempenho da correspondência e da autenticação são utilizadas para compreender as capacidades do sistema e determinar que tipos de sistemas satisfazem melhor os requisitos de um determinado caso de utilização. Os diferentes tipos de curvas de apresentação de dados são utilizados para descrever e modelar o desempenho da correspondência e da autenticação de novos sistemas biométricos.

1.10.5.1 Curva Característica de Funcionamento do Recetor (ROC)

Uma curva ROC representa a taxa de falsos positivos (tentativas de impostores aceites) ao longo do eixo dos x contra a taxa correspondente de verdadeiros positivos (tentativas genuínas aceites) no eixo dos y; os pontos são representados parametricamente em função do limiar de decisão. Uma curva ROC traça FAR (tentativas de impostores aceites) ao longo do eixo x contra a taxa correspondente de verdadeiros positivos (tentativas genuínas aceites) no eixo y; os pontos são traçados parametricamente em função do limiar de decisão.

CAPÍTULO 2

PESQUISA BIBLIOGRÁFICA

Este capítulo analisa as técnicas de extração de características, os algoritmos de correspondência de padrões e as medidas de desempenho, como a taxa de reconhecimento correto e a taxa de erro igual da biometria da impressão da palma da mão e da junta do dedo.

2.1 Análise da biometria da impressão palmar

É utilizada uma tecnologia de espaço eletrónico (Lu et al., 2003) para melhorar o desempenho do sistema biométrico de impressões palmares. As imagens originais das impressões palmares são transformadas num pequeno conjunto de características espaciais chamado "eigenpalms", utilizando a transformada de Karhunen-Loeve. Os "eigenpalms" são considerados como vectores próprios do conjunto de treino. Também são representados como componentes principais das impressões palmares. As características extraídas dos "eigenpalms" são projectadas no subespaço e o classificador de distância euclidiana é utilizado para fazer corresponder as características. É alcançada uma taxa de reconhecimento correto de até 99%.

As características biológicas inerentes a cada indivíduo são utilizadas para verificação e autenticação (Han et al 2003). Estas características são processadas com base nas características idênticas, portáteis e de duplicação difícil. Foi utilizado um sistema de autenticação pessoal baseado num scanner. Este tipo de sistema biométrico é adequado para muitas aplicações baseadas em rede. Na fase de registo, as amostras de treino foram recolhidas e processadas pelos módulos de pré-processamento, extração de características e modelação para gerar os modelos de correspondência. Na fase de verificação, uma amostra de consulta é também processada pelos módulos de pré-processamento e de extração de características e comparada com os modelos de referência para decidir se é ou não uma amostra genuína. No módulo de pré-processamento, a região de interesse é extraída da imagem da mão. Foram utilizadas operações de Sobel e morfológicas para extrair as características da impressão palmar da imagem da ROI. No módulo de modelação, foram gerados os modelos de referência para um determinado utilizador. A correspondência de modelos é efectuada através de uma rede neural de retropropagação para medir a semelhança das duas características da impressão palmar na fase de verificação. A função de correlação linear é adoptada como medida métrica no método de correspondência de modelos. Este método permite obter uma precisão de 91% do CCR. O mecanismo de retropropagação e o algoritmo de gradiente conjugado escalonado são adaptados para construir um verificador baseado numa rede neural. É obtida uma taxa de exatidão de 98% com a utilização desta rede baseada em redes.

Os sistemas de autenticação de impressões palmares centram-se principalmente na extração e representação de características (Li et al., 2003). Mas o alinhamento da impressão palmar não é abordado. O alinhamento das impressões palmares envolve o movimento e a rotação das impressões palmares para as colocar na sua posição correcta e na mesma direção. A subárea da impressão palmar é facilmente obtida após o alinhamento da imagem da impressão palmar. Por conseguinte, a correspondência das características da impressão palmar é efectuada sem problemas. As duas características invariantes, como a direção do limite exterior e o ponto final da linha do coração, são extraídas para alinhar as duas impressões palmares. É utilizado um novo método automático de alinhamento de impressões palmares baseado em características invariantes para lidar com várias distorções da imagem, como a rotação e o deslocamento da imagem. Este método fornece uma base para a extração e correspondência de características adicionais.

As características biológicas extraídas do indivíduo são utilizadas para a autenticação pessoal (Han 2004). A câmara CCD é utilizada para captar duas características baseadas na mão, como a geometria da mão e a impressão palmar. Basicamente, as características geométricas das mãos são utilizadas para verificar a identidade de forma aproximada. Durante a fase de pré-processamento, são determinados os pontos cruciais e a ROI da impressão da palma da mão. As características da forma da mão de comprimento 11 são calculadas a partir destes pontos detectados. Em seguida, as características multi-resolução da impressão da palma da mão são extraídas da ROI e dos três dedos médios. Os vectores de referência são obtidos para calcular os valores de semelhança em várias resoluções. A função booleana positiva (PBF) e o método de bootstrapping são utilizados para integrar as múltiplas resoluções obtidas.

O PalmHashing é uma nova técnica biométrica cancelável que é utilizada para resolver o problema da biometria não revogável (Connie et al 2005). O conjunto de chaves pseudo-aleatórias é utilizado para fazer o hash dos modelos de impressões palmares e gerar um código único chamado palmhash. O código palmhash é armazenado em dispositivos portáteis, como fichas e cartões inteligentes, para verificação. Para diferentes aplicações, podem ser utilizados diferentes conjuntos de códigos palmhash. Assim, a privacidade e a segurança das aplicações são grandemente reforçadas. Um novo conjunto de códigos palmhash é substituído se for introduzido por um intruso. Em comparação com a abordagem biométrica tradicional, o palmHashing tem várias vantagens, como a separação clara das populações genuínas e impostoras e a ausência de ocorrências de EER.

É adoptada uma rede neural probabilística de base radial (RBPNN) para reconhecer as características da impressão palmar (Shang et al 2006). A RBPNN é treinada pelo algoritmo dos mínimos quadrados ortogonais (OLS) e a sua estrutura é optimizada pelo algoritmo OLS recursivo (ROLSA). As características da impressão palmar são pré-processadas por um algoritmo rápido de ponto fixo. É utilizada uma análise de componentes independentes (FastICA) para testar a abordagem.

A wavelet complexa de árvore dupla é utilizada para extrair as características (Chen & Xie 2007). A wavelet complexa de árvore dupla é a melhor escolha para o reconhecimento de padrões devido à sua propriedade invariante de deslocamento aproximado e à sua boa seletividade direcional em 2D. A máquina de vectores de apoio (SVM) é amplamente utilizada para fins de classificação. A melhor precisão de reconhecimento é conseguida através da combinação destas ferramentas. A elevada taxa de reconhecimento é obtida através da utilização de características de wavelets complexas de árvore dupla com o kernel de função de base radial gaussiana. As wavelets complexas de árvore dupla são sempre melhores do que as wavelets escalares para o reconhecimento de padrões quando é utilizada a SVM. O kernel da função de base radial gaussiana e o kernel da wavelet são os melhores para o sistema de reconhecimento de padrões entre vários kernels SVM.

O dispositivo de captura multiespectral é utilizado para detetar imagens sob diferentes iluminações, incluindo vermelho, verde, azul e infravermelho (Han et al 2008). O esquema de codificação competitiva é utilizado como algoritmo de correspondência. O método de fusão de imagens baseado em Wavelet é utilizado como estratégia de fusão a nível dos dados.

A representação wavelet Daubechies das imagens da palma da mão é integrada numa análise de componentes principais (PCA) de kernel baseada em wavelets para o reconhecimento de impressões palmares (Ekinci & Aykut 2008). A dimensão não linear dos dados é reduzida através da utilização de Kernel PCA, que se baseia na estrutura espacial não linear. A média e o desvio padrão são utilizados primeiro para normalizar os valores de intensidade da imagem da impressão palmar. A impressão da palma da mão é depois transformada no domínio wavelet para decompor as imagens da palma da mão. As características da impressão palmar são representadas por coeficientes de sub-banda de resolução mais baixa. As características não lineares dos coeficientes de sub-banda são extraídas utilizando o kernel PCA. Finalmente, o classificador de vizinho mais próximo baseado na distância linear euclidiana ponderada é utilizado para medir a semelhança das duas características da impressão palmar.

A imagem da impressão da palma da mão é obtida utilizando uma câmara Web de baixa resolução colocada a uma determinada distância e não é necessário tocar em nenhum dispositivo para captar a imagem (Ong Michael et al 2008). Uma nova técnica de rastreio da mão e de extração da região de interesse da impressão da palma da mão é utilizada para rastrear e capturar a palma da mão do utilizador no fluxo de vídeo em tempo real. O descritor de textura de padrão binário local (LBP) é utilizado para extrair as características distintivas da impressão da palma da mão. É utilizada uma rede neural probabilística modificada (PNN) para fazer corresponder as imagens das impressões palmares, a fim de melhorar o desempenho do sistema. A verificação é efectuada em menos de um segundo no sistema.

O desenvolvimento de algoritmos precisos e robustos de verificação de impressões palmares é uma questão crítica nos sistemas de autenticação automática de impressões palmares (Guo et al 2009). Os vários métodos de codificação baseados na orientação, como o código competitivo (CompCode), o código de orientação da impressão palmar (POC) e o código robusto de orientação da linha (RLOC), são utilizados para extrair e codificar a orientação localmente dominante como características. As características são utilizadas para fazer corresponder as duas impressões palmares em tempo real e obter uma elevada precisão de reconhecimento. A informação valiosa pode perder-se se houver apenas uma orientação dominante para representar uma região local devido à presença de linhas cruzadas na impressão palmar. Por conseguinte, é utilizado um novo algoritmo de extração de características denominado vetor de coocorrência de orientação binária (BOCV) para representar várias orientações para uma região local. O BOCV é utilizado para extrair as características de orientação local. É mais resistente à rotação da imagem. O algoritmo pode reduzir significativamente a taxa de erro igual.

No trabalho existente, é apresentada uma nova abordagem para a autenticação pessoal utilizando a imagem da palma da mão. Foram concebidos três conjuntos de combinadores que utilizam diferentes esquemas de representação das características das imagens: coeficientes discretos de cosseno; padrões binários locais invariantes; filtros de Gabor (Nanni & Lumini 2009). Cada conjunto é obtido através da variação das características utilizadas para treinar os seus combinadores.

As diferentes características biológicas, como a impressão palmar, a geometria da mão, a geometria dos dedos e o padrão venoso no dorso da mão, são obtidas a partir da mão humana e são utilizadas em muitos domínios para diferentes aplicações (Salman HM 2009). As linhas e os pontos são extraídos das palmas das mãos para identificação individual na imagem original ou no espaço de frequência. A parte central da imagem ROI é extraída numa fase de pré-processamento. A imagem da impressão palmar é convertida em 16 sub-bandas utilizando a transformada multi-wavelet 2-D. Em seguida, calculam-se os vectores de características de textura, energia e entropia para cada uma das 16 sub-bandas. Estas características são normalizadas com o método minmax para identificação individual. A distância de correlação é utilizada como medida de semelhança para fazer corresponder as imagens de impressões palmares. O sistema é implementado para a identificação de 10 indivíduos com uma taxa de identificação de 98%.

O sistema de impressão palmar multiespectral em linha é adotado para a autenticação biométrica em tempo real (Zhang et al 2010). As características do código de orientação da linha da palma da mão são extraídas para a verificação da impressão palmar utilizando um único espetro. As bandas vermelha e NIR são utilizadas para captar não só as características da linha da palma da mão, mas também as características das veias da palma da mão, em vez das bandas azul e verde. As bandas vermelha e NIR dão bons resultados do que as bandas azul e verde. Uma vez que as linhas da palma da mão obtidas a partir do NIR não são tão claras como as do vermelho e a estrutura das veias da palma da mão obtida a partir do NIR individualmente não é suficientemente discriminatória.

Por conseguinte, o NIR é um pouco inferior ao Vermelho. As bandas Azul e Verde têm resultados muito semelhantes e são mais robustas à seleção de parâmetros do que as bandas de comprimento de onda longo (bandas Vermelha e NIR). Uma vez que as diferentes bandas realçam informações de textura diferentes, a fusão das mesmas pode reduzir significativamente o EER. Verifica-se que a fusão das bandas vermelha e azul obtém o melhor resultado. É proposto um novo esquema de fusão ao nível da pontuação, com origem na teoria dos conjuntos, para reduzir o efeito de sobreposição entre bandas.

É utilizado um sistema de verificação baseado na impressão da palma da mão que utiliza momentos Zernike de baixa ordem das sub-imagens da impressão da palma da mão (Badrinath et al 2011). O scanner plano de baixo custo é utilizado para extrair a impressão palmar da imagem da mão. A imagem da impressão palmar é também robusta à oclusão. As características da região não oclusa são também verificadas pelo utilizador. São extraídos os momentos Zernike das sub-imagens correspondentes. São calculadas as pontuações de correspondência para cada subimagem. As pontuações correspondentes são fundidas utilizando uma técnica de fusão ponderada eficaz. As duas características da impressão palmar são comparadas utilizando o classificador de distância euclidiana.

A identificação com base na biometria é uma tecnologia emergente que resolve vários problemas de segurança (Kumar et al 2010). A mão humana contém também uma grande variedade de características, como a forma, a textura e as principais linhas palmares, etc. As várias características da mão humana são bastante estáveis. É fácil extrair as imagens da mão. É utilizada uma imagem de impressão palmar como entrada. É aplicado um filtro gaussiano passa-baixo para remover o ruído da imagem no módulo de pré-processamento. O centro de massa é uma propriedade importante da imagem da impressão da palma da mão e mantém-se inalterado. Assim, esta propriedade é utilizada para extrair a ROI (Região de Interesse) da imagem da impressão da palma da mão. Em seguida, as características de texturas estáveis são extraídas utilizando SIFT (Scale Invariant Feature Transformation).

O sistema de autenticação de impressões palmares tem sido amplamente utilizado devido à abundância de características das linhas (Chen et al 2010). Além disso, são utilizadas imagens de baixa resolução para extrair as características. Uma nova abordagem baseada na textura para a extração de características da impressão da palma da mão, representação de modelos e correspondência, que é muito eficaz, flexível e fiável. Uma extensão do SAX (Symbolic Aggregate approximation), uma tecnologia de séries temporais, é utilizada para extrair as características 2D. Obteve-se uma taxa de erro igual de 0,3% e uma precisão de identificação de 99,9% num conjunto de dados públicos de 7752 impressões palmares. Esta técnica é implementada em plataformas móveis lentas e tem uma complexidade computacional muito baixa. Na fase de treino, o sistema não depende de qualquer parâmetro, pelo que é totalmente reprodutível.

A estrutura multinível para a autenticação pessoal utiliza eficazmente a robustez (contra ataques de falsificação) das características 3D e o elevado poder de discriminação das características 2D (Zhang et al 2010). A imagem 3D da palma da mão ou os dados de alcance e a imagem de intensidade registada são captados simultaneamente utilizando uma técnica de estereoscopia ativa com luz estruturada. O esquema de codificação competitiva baseado na caraterística de Gabor é utilizado para extrair as características 2D e o método baseado na caraterística de curvatura da superfície é investigado para a imagem 3D da palma da mão. As representações 2D e 3D são analisadas separadamente para obter o desempenho individual. O esquema de combinação de níveis de pontuação fixa é utilizado para combinar as representações 2D e 3D. Utiliza-se um combinador multinível para fazer corresponder as características e obter o desempenho. As experiências são testadas numa base de dados de 108 indivíduos com a integração de características 3D em comparação com o caso em que são utilizadas apenas características 2D da impressão da palma da mão, obtendo-se uma elevada precisão de reconhecimento.

As variações espaciais locais numa imagem de impressão palmar são exploradas utilizando a transformada wavelet discreta bidimensional (2D-DWT). A 2D DWT é um algoritmo de extração de características multi-resolução para o reconhecimento de impressões palmares (Imtiaz & Fattah SA 2011). A imagem da palma da mão é dividida em vários pequenos módulos espaciais. A partir destes módulos locais, obtêm-se as características wavelet dominantes baseadas no histograma. Isto reduz a dimensão das características e também permite obter uma compacidade muito elevada dentro da classe e uma separabilidade entre classes das características extraídas. É aplicado um ajuste da iluminação para melhorar a qualidade das características extraídas. Para reduzir ainda mais a dimensão das características, é utilizada uma análise de componentes principais. O classificador baseado na distância euclidiana é utilizado para a classificação. Este classificador simples proporciona um bom desempenho de reconhecimento devido às características extraídas de elevada qualidade. Por conseguinte, não é necessário implementar um classificador complicado.

O scanner plano de baixo custo é utilizado para extrair as impressões palmares das imagens das mãos (Badrinath et al 2012). A ROI da impressão da palma da mão é dividida em blocos de quatro lados de tamanho mutável e orientação variável. De seguida, aplica-se a diferença de 1D-DCT para extrair as características dos blocos de quatro lados. As duas impressões palmares são comparadas utilizando a distância de Hamming e a abordagem do vizinho mais próximo é utilizada para a classificação. Obteve-se uma taxa de reconhecimento 100% correcta e uma taxa de erro igual inferior a 1%.

As wavelets de Gabor são utilizadas para extrair os coeficientes das wavelets. O sistema de otimização de colónias de formigas é utilizado para selecionar as características proeminentes (Kisku et al 2012). O SVM é utilizado para a classificação. A transformada e a decomposição de wavelets são utilizadas para fundir as imagens multi-espectrais da palma da mão. Uma imagem da palma da mão fundida é representada pela transformada wavelet de Gabor. A diversidade mínima intra-classe das mesmas instâncias e as diferenças inter-classe entre os diferentes sujeitos são capturadas e maximizadas em termos de mudanças de intensidade de pixel de vizinhança. As respostas da palma de Gabor contêm características de elevada dimensionalidade. O algoritmo de otimização de colónias de formigas (ACO) é aplicado para escolher um conjunto de características distintas devido a estas características de elevada dimensionalidade. A correlação normalizada e o SVM com classificadores de kernel linear e RBF são utilizados para a classificação.

As imagens multiespectrais de impressões palmares foram captadas sob iluminação vermelha, verde, azul e infravermelha próxima (NIR) (Xu et al 2012). Todas as iluminações foram representadas por uma matriz de quaterniões. As características da impressão palmar foram extraídas por análise de componentes principais e transformada wavelet discreta (DWT). A dissimilaridade entre as diferentes características é medida utilizando a distância euclidiana. Finalmente, a soma de duas distâncias e o classificador da vizinhança mais próxima foram utilizados para a decisão de reconhecimento. Obteve-se uma precisão de reconhecimento global de 98,83%.

O sistema de reconhecimento de impressões palmares divide-se em duas fases, a fase de formação e a fase de teste (Das & Meshram 2013). A fase de treino contém três módulos, como o pré-processamento, a extração de características e a correspondência de características. A conversão de RGB para cinzento é efectuada no pré-processamento. Em seguida, é aplicada a equalização do histograma na imagem em escala de cinzentos. A transformada wavelet discreta de dupla densidade (D-DWT) e o padrão binário local são utilizados para extrair as características. As características extraídas são depois armazenadas na base de dados. O método Chi-Square é utilizado para fazer corresponder as características extraídas na fase de teste.

A transformada wavelet discreta, os filtros de Gabor e a matriz de coocorrência são as três técnicas de extração de características utilizadas para extrair as características (Khalifa et al 2013). A máquina de vectores de apoio é utilizada para fazer corresponder as características extraídas. Por fim, foram obtidos bons resultados com a utilização da decomposição wavelet.

As características da impressão palmar são extraídas utilizando DCT-mod 2 e PCA (Salawadgi 2014). A taxa de identificação é melhorada graças ao método de extração de características. Devido à grande dimensão da base de dados, as redes neurais demoram mais tempo a processar. O número de imagens treinadas para cada pessoa é aumentado, obtendo-se uma boa precisão de reconhecimento. É obtida uma precisão de reconhecimento de 97-94%.

2.2 Análise da biometria da impressão digital das juntas dos dedos

Em primeiro lugar, é desenvolvido um dispositivo de aquisição de dados específico para captar as imagens FKP (Zhang et al 2009). Em segundo lugar, é extraído o mapa de direção convexo local da imagem FKP. É definido um sistema de coordenadas para alinhar as imagens e é recortada uma região de interesse para extração e correspondência de características. A correlação de fase limitada por banda (BLPOC) é utilizada para fazer corresponder as duas imagens FKP.

Um novo identificador biométrico conhecido como impressão digital é utilizado para a autenticação da identidade pessoal (Zhang & Zhang 2009). Em primeiro lugar, é desenvolvido um dispositivo de aquisição de dados específico para capturar as imagens

FKP. É adotado um algoritmo de reconhecimento de FKP eficiente para processar os dados adquiridos. O mapa de direção convexo local da imagem FKP é extraído. É definido um sistema de coordenadas para alinhar as imagens e é recortada uma região de interesse para extração de características. Os filtros Gabor 2D são utilizados para extrair a informação de orientação local e codificados como características. Esta técnica é conhecida como um esquema de codificação competitivo. A semelhança entre dois mapas de códigos competitivos é comparada utilizando a distância angular. A experiência de verificação do FKP é efectuada e é possível obter uma taxa de aceitação genuína encorajadora (97%) e uma taxa de aceitação falsa baixa (0,02%). O EER é de 1,09%, o que é muito competitivo com outras tecnologias biométricas baseadas na mão. Os sistemas de reconhecimento FKP têm vantagens como a facilidade de utilização, o tamanho moderado, a relação custo-eficácia, etc. Tem um grande potencial para ser melhorado no futuro e utilizado em aplicações reais.

É utilizada uma nova abordagem para a autenticação pessoal utilizando imagens da superfície dorsal do dedo (Kumar & Ravikanth 2009). O padrão de textura produzido pela curvatura dos nós dos dedos é altamente único e torna a superfície um identificador biométrico distinto. As características geométricas dos dedos são adquiridas simultaneamente a partir da mesma imagem, ao mesmo tempo, e integradas para melhorar ainda mais a precisão da identificação do utilizador neste sistema. As imagens da superfície dorsal do dedo de cada um dos utilizadores são normalizadas para minimizar as variações de escala, translação e rotação nas imagens dos nós dos dedos. O desenvolvimento de tal abordagem utilizando imagens sem pinos é utilizado para o reconhecimento de FKP.

A autenticação pessoal baseada na biometria é um método eficaz para reconhecer automaticamente, com um elevado grau de confiança, a identidade de uma pessoa (Zhang et al 2010). Um padrão de textura obtido por flexão da junta do dedo é altamente distintivo e utilizado para o novo sistema de autenticação biométrica. Foi desenvolvido um dispositivo especial de aquisição de dados para captar as imagens FKP. O mapa de direção convexo local da imagem FKP é extraído. É estabelecido um sistema de coordenadas local para alinhar as imagens e é recortada uma região de interesse para extração de características. A filtragem de Gabor é utilizada para extrair a informação de orientação e magnitude. De seguida, estas duas características são combinadas para fazer corresponder as duas imagens FKP. Foi criada uma base de dados FKP, que consiste em 7.920 imagens de 660 dedos diferentes, para verificar a eficiência do sistema biométrico de impressões digitais e foram obtidos resultados prometedores. Este sistema constitui uma solução prática para os sistemas biométricos baseados na superfície posterior do dedo e tem um grande potencial para aplicações comerciais.

A autenticação pessoal baseada na biometria é um método eficaz para reconhecer a identidade de uma pessoa (Zhang et al 2010). Recentemente, verificou-se que a impressão digital, que se refere aos padrões inerentes à pele da superfície exterior em torno da articulação falangeal do dedo, serve como um identificador biométrico distintivo. É apresentado um novo método de extração e codificação de características, o MonogenicCode, baseado na teoria do sinal monogénico. Este método de codificação é aplicado ao reconhecimento do FKP. Através da binarização do sinal monogénico de cada pixel da imagem, obtém-se um vetor de 3 bits denominado MonogenicCode. Este reflecte a informação local de fase e orientação para cada pixel da imagem. As experiências efectuadas na base de dados FKP estabelecida indicam que este novo método atinge uma precisão de verificação competitiva com os métodos mais avançados. Necessita de menos tempo para a extração de características, o que o torna a melhor escolha para aplicações em tempo real.

Recentemente, um novo reconhecimento biométrico, nomeadamente a impressão digital, tem atraído o interesse dos investigadores (Wankou et al 2011). As técnicas de extração de características utilizadas na biometria facial não são utilizadas na biometria de impressões digitais. No entanto, a extração de características de Gabor e a análise discriminante linear ortogonal (OLDA) foram utilizadas para identificar a impressão digital e obtiveram sucesso no reconhecimento facial. Em primeiro lugar, é calculada a representação da caraterística de Gabor da imagem. Em segundo lugar, a transformação OLDA é aplicada à representação das características de Gabor para obter a matriz de projeção. Em terceiro lugar, a representação da caraterística de Gabor é projectada na matriz de projeção e classificada.

A autenticação biométrica é um método eficaz para reconhecer automaticamente a identidade de uma pessoa (Zhang et al 2011). Tem uma elevada capacidade para discriminar diferentes indivíduos e é utilizada como sistema biométrico emergente. A informação local e global é crucial para a perceção da imagem com base nos resultados de estudos psicofísicos e neurofisiológicos. Um esquema eficaz de reconhecimento de FKP é utilizado para extrair as características locais e globais das imagens FKP. Os filtros de Gabor são utilizados para extrair a informação de orientação e esta caraterística é codificada como uma caraterística local. A transformada de Fourier da imagem é obtida aumentando a escala dos filtros de Gabor até ao infinito. Os coeficientes da transformada de Fourier da imagem são considerados como características globais. Tanto as características locais como as globais estão naturalmente ligadas através do quadro da análise tempo-frequência. Para o esquema de verificação, as características locais e globais são exploradas no sistema de impressões digitais. A informação global também é utilizada para aperfeiçoar o alinhamento das imagens FKP na correspondência. A distância de correspondência final de duas FKP é uma média ponderada das distâncias de correspondência locais e globais. O esquema de combinação de informação local-global (LGIC) pode melhorar significativamente a precisão do reconhecimento obtido pela informação local ou global ou conduzir ao desempenho esperado de um sistema de autenticação pessoal baseado em FKP. Especificamente, o EER do LGIC é de 0,402% e funciona com um FRR baixo de 1,5236% e um FAR baixo de 0,0515% na base de dados FKP.

Em (Aoyama et al 2011), é utilizado um algoritmo de reconhecimento de impressões digitais que utiliza a correspondência de blocos locais baseada apenas na correlação de fase limitada por banda. A informação de fase obtida a partir da Transformada Discreta de Fourier (DFT) 2D das imagens contém informações importantes sobre a representação da imagem. A correspondência de imagens baseada em fases, especialmente a correspondência de imagens baseada em BLPOC, é aplicada com sucesso a tarefas de reconhecimento de imagens para aplicações de autenticação biométrica. Para calcular a pontuação de correspondência, o algoritmo proposto corrige a distorção global e local entre imagens FKP utilizando a correspondência de blocos locais baseada em BLPOC. A avaliação experimental utilizando a base de dados PolyU FKP demonstra um desempenho de reconhecimento eficiente do algoritmo em comparação com os algoritmos convencionais.

Uma nova combinação de informação local-local utilizada para um sistema eficiente de reconhecimento baseado na impressão digital que é robusto à escala e à rotação (Badrinath et al 2011). O brilho não uniforme da FKP devido à curvatura relativa da superfície é corrigido e a textura é melhorada. A transformada de características invariantes à escala é utilizada para extrair as características locais da imagem FKP melhorada e as características robustas aceleradas (SURF). A técnica de relação de vizinhança mais próxima é utilizada para fazer corresponder as imagens FKP registadas e as imagens de consulta. Em seguida, a regra da soma ponderada é utilizada para fundir as pontuações de correspondência SIFT e SURF derivadas. O sistema biométrico é avaliado utilizando a base de dados PolyU FKP com 7920 imagens, tanto para o modo de identificação como para o modo de verificação. Observa-se que o sistema funciona com um CRR de 100% e um EER de 0,215%.

É sabido que, nos sistemas biométricos, a extração e a representação de características são considerações fundamentais (Zhang et al 2011). Os diferentes esquemas de extração e representação de características são utilizados para o sistema de reconhecimento FKP. Mas os métodos baseados em codificação são mais atractivos porque têm os méritos de alta precisão, robustez, compacidade, alta velocidade de correspondência e, portanto, foram adoptados em muitos tipos diferentes de sistemas biométricos, como a íris e a impressão palmar. A Transformada de Riesz é utilizada para caraterizar os padrões visuais. As manchas locais de uma imagem FKP são codificadas utilizando transformadas de Riesz de 2ª ordem. Especificamente, um esquema de codificação de 6 bits, nomeadamente RieszCompCode, que consiste em 6 planos de bits para codificar as imagens FKP. No RieszCompCode, três dos planos de bits são obtidos através da binarização das respostas da imagem às três transformadas de Riesz de 2ª ordem, e os outros três são do esquema CompCode clássico. Experiências efectuadas na base de dados PolyU FKP de referência para a verificação FKP em termos de precisão da verificação.

O filtro de Gabor é utilizado para melhorar a informação FKP. É utilizada uma transformada de características invariante à escala para extrair as características (Morales et al 2011). As experiências efectuadas na base de dados pública FKP confirmam que as características SIFT obtidas após o melhoramento de Gabor das principais linhas das articulações dos dedos melhoram o desempenho do identificador de pessoas.

A autenticação biométrica é um método eficaz para reconhecer automaticamente a identidade de uma pessoa com elevada confiança (Zhang & Li 2012). É sabido que, nos sistemas biométricos, a extração e a representação das características são fundamentais. Entre os vários esquemas de extração e representação de características, os métodos baseados em codificação são os mais atractivos porque têm os méritos de elevada precisão, robustez, compacidade e elevada velocidade de correspondência. Foram adoptados em vários sistemas biométricos, como os baseados na íris, na impressão palmar e na impressão digital. No entanto, a forma de conceber um bom esquema de codificação continua a ser uma tarefa difícil. Estudos recentes em processamento de imagem e matemática aplicada mostraram que as características locais da imagem são bem extraídas com as transformadas de Riesz numa estrutura unificada. As transformadas de Riesz são utilizadas para codificar os padrões locais das imagens biométricas. Especificamente, são adoptados dois esquemas de codificação baseados na transformada de Riesz, nomeadamente o RCode1 e o RCode2. Ambos utilizam 3 bits para representar cada código. A distância de Hamming normalizada é utilizada para fazer corresponder as duas imagens FKP. O RCode1 e o RCode2 são avaliados exaustivamente e comparados com outros métodos de codificação de 3 bits numa base de dados de impressões palmares e numa base de dados de impressões digitais. As experiências mostram que os métodos propostos, especialmente o RCode2, podem atingir precisões de verificação bastante semelhantes às do método topo de gama (CompCode) quando necessitam de muito menos tempo na fase de extração de características, o que os torna melhores candidatos para aplicações de tempo crítico.

A extração e a correspondência eficazes de características desempenham um papel fundamental no sistema de autenticação pessoal baseado em FKP (Zhang et al 2012). A investigação é efectuada em características locais da imagem induzidas pelo modelo de congruência de fase, que é apoiado por fortes evidências psicofísicas e neurofisiológicas para o reconhecimento de FKP. Durante o cálculo da congruência de fase, a orientação local e a fase local também podem ser definidas e extraídas de um fragmento de imagem local. Estas três características locais são independentes umas das outras e reflectem aspectos diferentes da informação local da imagem. As três características locais no âmbito da estrutura de cálculo da congruência de fase utilizando um conjunto de filtros de pares de quadratura são extraídas de forma eficiente. Estas três características locais são integradas por fusão ao nível da pontuação para melhorar a precisão do reconhecimento FKP. Estas características locais são naturalmente combinadas com os coeficientes da transformada de Fourier, conhecidos como características globais. Foram efectuadas experiências exaustivas com a base de dados de referência PolyU FKP. Os resultados experimentais mostram que a integração de todas as características locais em conjunto tem um melhor desempenho do que a utilização de qualquer uma delas separadamente. O algoritmo LGIC, que integra as três características locais e uma caraterística global, os coeficientes da transformada de Fourier, conseguiu obter o melhor resultado de verificação na base de dados de referência FKP com um EER de 0,358%.

O novo reconhecimento biométrico conhecido como impressão digital tem atraído o interesse dos investigadores (Amraoui et al 2012). Com base nos resultados de estudos psicofísicos e neurofisiológicos, tanto a informação local como a global são cruciais para a perceção da imagem. Por conseguinte, é introduzida uma nova abordagem para o reconhecimento de impressões digitais que combina classificadores baseados tanto na microtextura no domínio espacial fornecida pelo padrão binário local como na macroinformação no domínio da frequência adquirida a partir da transformada discreta do cosseno para representar a imagem FKP. A classificação destes dois conjuntos de características é efectuada utilizando máquinas de vectores de apoio, que se revelam superiores aos classificadores de padrões tradicionais. As experiências mostram claramente a superioridade das abordagens de combinação de classificadores em relação aos classificadores individuais na base de dados de articulações PolyU recentemente publicada.

A biometria FKP é utilizada como identificador biométrico distintivo porque o padrão de textura produzido pelo FKP é altamente único (Neware et al 2013). A técnica de análise de componentes principais é utilizada como extração de características para extrair as características. O classificador de média mais próxima é adotado para fazer corresponder as duas imagens FKP.

O número limitado de características extraídas da superfície posterior da articulação do dedo é utilizado para a autenticação pessoal (Usha & Ezhilarasan 2013). A análise geométrica angular é utilizada para extrair a informação das características distinguíveis, o que é computacionalmente menos complexo. As curvas convexas da superfície da junta posterior do dedo são determinadas para efetuar a análise geométrica angular. As características do subconjunto, como os pontos de extremidade da junta, os pontos da ponta da junta e os pontos da base da junta, são extraídas das curvas reconhecidas. A partir destas características, foram construídas estruturas geométricas como triângulos escalenos para obter informações sobre as características em termos de ângulo. Este método reduz os problemas críticos que surgem devido à extração de um maior número de características. Reduz também a complexidade computacional do processo de extração e reconhecimento de características.

O sistema de autenticação pessoal baseado na biometria tem sido alvo de um interesse generalizado na área da investigação (Usha & Ezhilarasan 2013). Neste contexto, a identificação de uma pessoa com base na biometria da mão tornou-se uma parte importante tanto na investigação como na aplicação em tempo real do sistema de autenticação pessoal. É utilizada uma nova abordagem para o sistema de autenticação pessoal baseado na superfície do dorso do dedo (FBKS). Os trabalhos existentes sobre o sistema de autenticação biométrica baseado na impressão digital são implementados utilizando o método de análise de textura, que é computacionalmente mais dispendioso. Um método competente para a autenticação pessoal que extrai a informação das características com base nos parâmetros intra-articulares da superfície da junta posterior do dedo. O FBKS é captado utilizando um método automatizado de baixo custo e sem contacto. Foram identificados os pontos característicos, como os pontos médios da junta e os pontos de extremidade da junta, tanto na junta primária como na junta central. A extração de informações sobre as características é feita com base no exame geométrico. As experiências foram realizadas com uma base de dados recém-criada de 120 amostras, com 60 homens e 60 mulheres, respetivamente. O desempenho do método é certificado experimentalmente por possuir uma elevada precisão de reconhecimento e também provou ser computacionalmente económico.

Atualmente, o sistema de autenticação biométrica sem toque é amplamente utilizado. Os nós dos dedos extraídos da parte dorsal da mão são muito populares para identificação/verificação e amplamente utilizados em diferentes aplicações de segurança (Kumar et al 2013). No entanto, a maior parte dos sistemas de reconhecimento dos nós dos dedos disponíveis apenas oferece uma segurança fixa para um determinado nível de precisão. Este sistema biométrico não satisfaz os vários níveis de requisitos de segurança. Um sistema bimodal de reconhecimento da junta dos dedos foi concebido para satisfazer uma vasta gama de aplicações que vão desde regiões civis a regiões de alta segurança. A otimização por colónia de formigas (ACO) é utilizada para

escolher os parâmetros de fusão óptimos correspondentes a cada nível de segurança. Uma árvore de decisão binária difusa (FBDT) é adaptada para a tomada de decisões em duas classes: genuína (aceitar) e impostora (rejeitar), utilizando pontuações de correspondência calculadas a partir da base de dados de impressões digitais. O índice

Gini difuso é implementado na FBDT e é utilizado para selecionar os três nós. As experiências são testadas em quatro bases de dados de impressões digitais HongKongPolyU publicamente disponíveis, designadas por: índice esquerdo, índice direito, meio esquerdo e meio direito, com quatro sistemas bimodais: índice esquerdo-direito, meio esquerdo-direito, índice esquerdo-meio e índice direito-meio.

A impressão digital é um sistema biométrico baseado no dedo (Jayaprakash & Arumugam 2014). O desempenho dos algoritmos de reconhecimento da impressão digital depende sobretudo das diferentes variações de pose. Devido a deformações nas amostras de juntas dos dedos, o resultado das variações de pose conduz a uma taxa de falsa aceitação e reduz o nível de robustez. É adotado um sistema biométrico de impressões digitais para resolver as variações de pose intra-classe das juntas dos dedos, designado Kernel Intra-Class Finger-Knuckle Pose Density Assessment ('K' Intra-Class FKPDA) para melhorar a robustez do sistema biométrico. O método K' Intra-Class FKPDA mapeia as amostras de impressões digitais do utilizador num espaço de características de elevada dimensão utilizando o processo de kernel. Modelo gráfico de Markov Mapeia as amostras de impressões digitais do utilizador num espaço de características de elevada dimensão para calcular o nível de densidade e determinar as variações de pose intra-classe. O processo de filtragem Bessel Thomson Finger-Knuckle Pose Variation identificou a variação de pose intra-classe e esta é removida no método 'K' Intra-Class FKPDA. Para reduzir o tempo de atraso, o método "K" Intra-Class FKPDA aplica um modelo de filtragem linear. Por fim, utilizando o método "K" Intra-Class FKPDA, as variações de pose intra-classe são eliminadas e a impressão digital é documentada com um nível de robustez mais elevado. As experiências são testadas na base de dados PolyU FKP, que consiste em 165 imagens. A experiência é efectuada com base na taxa de falsa aceitação, na taxa de reconhecimento e no tempo de atraso da filtragem.

Ao dobrar a impressão digital, é produzido um padrão de textura altamente único. Por conseguinte, a impressão digital é utilizada como um identificador biométrico distintivo (Subray Hegde & Aruna 2014). Uma técnica de controlo de acesso e autorização é utilizada num identificador biométrico emergente chamado impressão digital para identificação pessoal. É utilizada uma câmara digital para captar a imagem da impressão digital. A imagem adquirida da FKP é melhorada. O sistema de coordenadas é utilizado para selecionar a ROI na imagem original. A ROI da imagem é então utilizada para a reconstrução l1-Norm Sparse. As características são extraídas processando a imagem reconstruída através de um algoritmo. As várias técnicas de deteção de bordos são utilizadas para a extração das características. A imagem extraída é utilizada para formar o modelo de impressão digital para autenticação biométrica.

As características de orientação dominantes locais são extraídas e codificadas utilizando o esquema de codificação competitiva (CompCode), que tem sido amplamente utilizado para a verificação de impressões digitais (Gao et al 2014). No entanto, o CompCode pode perder algumas informações valiosas, como a orientação múltipla e a textura da imagem FKP. Para ultrapassar esta desvantagem, é utilizado um novo esquema de integração de informação de orientação múltipla e textura. Em comparação com o CompCode, este esquema não só considera mais orientações como também introduz um esquema de limiarização de imagem multinível para efetuar a codificação da orientação em cada resposta de filtragem de Gabor. O operador de Padrão Binário Local é efectuado em cada resposta de filtragem Gabor para extrair a caraterística de textura e obter os mapas LBP. Finalmente, a orientação múltipla e as características de textura são integradas através da fusão ao nível da pontuação para melhorar ainda mais a precisão da verificação FKP.

CAPÍTULO 3

SISTEMA DE AUTENTICAÇÃO DE IMPRESSÕES PALMARES BASEADO NA FUSÃO DE CARACTERÍSTICAS LOCAIS E GLOBAIS UTILIZANDO A TRANSFORMADA ORTONORMAL DISCRETA DE STOCKWELL

Neste capítulo, é apresentada uma panorâmica da transformada de Stockwell, da transformada discreta de Stockwell e da transformada ortonormal discreta de Stockwell. Além disso, são também abordadas técnicas de extração de características e de correspondência de padrões.

3.1 Visão geral

3.1.1 Stockwell Transform

A transformada contínua de Stockwell (ST) de um sinal *h (t))* é definida como:

$$s(\tau,f)=\int_{-\infty}^{\infty}h(t)\frac{|f|}{\sqrt{2\pi}}e^{-(\tau-t)^2f^2/2}e^{-i2\pi ft}dt \qquad (3.1)$$

em *quef* é a variável frequência, *t* é a variável tempo e *τ* é a translação temporal. A largura da função de janela Gaussiana é proporcional ao inverso da frequência. O espetro de Stockwell *(τ)* mostra como os componentes de frequência do sinal variam ao longo do tempo. O espetro de Fourier do sinal é obtido se a transformada de Stockwell for para o infinito e é dado por:

$$H(f)=\int_{-\infty}^{\infty}s(\tau,f)d\tau \qquad (3.2)$$

A transformada inversa de Stockwell é dada por:

$$s(\tau,f)=\int_{-\infty}^{\infty}H(\xi+f)e^{-\frac{(2\pi\xi)^2}{2f^2}}e^{i2\pi\xi\tau}\,df \qquad (3.3)$$

Além disso, o ST pode ser expresso no domínio de Fourier:

$$s(\tau,f)=\int_{-\infty}^{\infty}H(\xi+f)e^{-\frac{(2\pi\xi)^2}{2f^2}}e^{i2\pi\xi\tau}\,d\xi \qquad (3.4)$$

em que H(f) é o espetro de Fourier de h(t):

3.1.2 Transformada discreta de Stockwell

Sejam h[l] = h(l, T), l = 0,1,...N-l as amostras do sinal contínuo h(t), em que *T* é o intervalo de amostragem. A sua transformada discreta de Fourier é dada por:

$$H[m]=\sum_{l=0}^{N-1}h[l]e^{-i2\pi ml/N} \qquad (3.5)$$

em que o índice de frequência discreta m = 0,1,...,N-1.

A ST discreta (DST) é dada por:

$$s[k,n]=\sum_{m=0}^{N-1}e^{-\frac{2\pi^2m^2}{n^2}}H[m+n]e^{\frac{i2\pi mk}{N}} \qquad (3.6)$$

onde *K* é o índice para a translação temporal e *n* é o índice para a deslocação em frequência. A função *exp* $(-2^{\wedge}m^2/n^2)$ é uma janela Gaussiana no domínio da frequência.

A DST inversa é dada por:

$$h[l]=\frac{1}{N}\sum_{n=0}^{N-1}\left\{\frac{1}{N}\sum_{n=0}^{N-1}S[k,n]\right\}e^{i2nl/N} \qquad (3.7)$$

Para um sinal de comprimento N, o DST produz N^2 número de coeficientes no domínio tempo-frequência.

3.1.3 Transformada Ortonormal Discreta de Stockwell

Uma versão ortogonal tempo-frequência da transformação S é mais utilizada devido a várias razões. Uma transformação ortogonal em DOST leva séries temporais de N pontos a uma representação de frequência temporal de N pontos. Assim, a competência máxima de representação é alcançada. A matriz de transformação é considerada como a série temporal para a representação DOST. A ortogonalidade significa que a matriz inversa é igual à transposição complexa conjugada. Devido à transformação ortogonal, a norma do vetor é preservada no DOST. A norma da série temporal é igual à norma do DOST de acordo com o teorema de Parseval. Uma representação eficiente da transformada S é obtida aplicando os produtos internos entre uma série temporal *h[kT]* e as funções de base. Os parâmetros são variáveis de frequência que revelam o centro de uma banda de frequência ν e são semelhantes à voz da transformada wavelet, β representa a largura da banda de frequência e τ é uma variável temporal:

$$S\{h[kT]\} = S\left(\tau T, \frac{v}{NT}\right) = \sum_{k=0}^{N-1} h[kT]\left(S_{[\theta,\beta,\pi]}[kT]\right) \quad (3.8)$$

Estas funções de base *S[ν, β, τ] [kT]* para a instância universal são dadas como:

$$S_{[\theta,\beta,\pi]}[kT] = \frac{ie^{-i\pi}}{\sqrt{\beta}} \frac{\left\{ie^{-i2\pi\left(k/N - \tau/\beta\right)\left(v - \beta/2 - 1/2\right)}\right\}}{2\sin\left[\pi\left(k/N - \tau/\beta\right)\right]} \quad (3.9)$$

A amostragem do espaço tempo-frequência não é determinada nesta altura. Para garantir a ortogonalidade, são aplicadas várias regras à amostragem do espaço tempo-frequência. Assim, as regras são as seguintes:

- Regra 1. $\tau = 0, 1 \ldots \beta - 1$
- Regra 2. ν e β é utilizado uma vez e é selecionado para cada Fourier

amostra de frequência

Normalmente, a correção de fase da transformada S é diferente da transformada wavelet ou do banco de filtros de Gabor. Por conseguinte, os parâmetros ν, β, τ são bem definidos e estas funções são formadas como a base. Contém uma ou mais amostras temporais locais (τ) para cada voz e τ é igual a β. Assim, obtém-se uma maior resolução em frequência (β grande) e mais amostras no tempo (τ grande). Este facto é considerado como uma consequência do princípio da incerteza. As funções de base ortogonais não têm momentos de fuga em comparação com a função wavelet. As funções de base não são auto-similares e também não são traduções de uma única função.

A transformada tempo-frequência é uma técnica importante no domínio do processamento de sinais não estacionários. A transformada de Fourier é utilizada para transformar o sinal do domínio do tempo unidimensional para o domínio da frequência não-dimensional. O sinal tem uma resolução de frequência muito boa depois de efetuar a transformação no sinal utilizando a transformada de Fourier. Mas a resolução temporal perde-se completamente. Isto não se aplica ao processamento de sinais não estacionários. O sinal é convertido do domínio do tempo para o domínio tempo-frequência utilizando o método de análise tempo-frequência e os sinais não estacionários são analisados completamente. Os sinais não-estacionários são analisados utilizando várias técnicas como a transformada de Fourier de curto prazo (STFT), a transformada de Wavelet contínua (CWT) e a distribuição de Wigner-Ville (Zhang & Bao 2001). Stockwell (1996) propôs a transformada S. Esta proporciona uma resolução dependente da frequência e mantém uma relação direta com a transformada de Fourier. A transformada S é única na sua natureza. A transformada S foi desenvolvida utilizando as ideias da STFT e baseia-se numa janela Gaussiana móvel e escalável. Na transformada Wavelet contínua, faltam algumas das características desejáveis. O ruído branco Gaussiano é adicionado aos sinais não estacionários e processado (Pinnegar & Eaton 2003). O ruído é reduzido na transformada S, o que melhora o desempenho.

A Transformada S é mais poderosa do que outras técnicas de multi-resolução, como a Transformada de Fourier de Tempo Curto e a Transformada Wavelet (WT). A fase da transformada S referenciada à origem temporal fornece informações úteis e suplementares sobre os espectros que não estão disponíveis a partir de informações de fase referenciadas localmente na transformada de Wavelet contínua.

A transformação S é benéfica para o estudo de imagens de impressões palmares, uma vez que preserva a informação de fase utilizando uma escala de frequência linear.

1. No entanto, a principal limitação da transformação S é a sua complexidade temporal e espacial devido à sua natureza redundante, o que a torna pouco razoável em muitos casos.

2. A 2D-ST de uma matriz de dimensão $N \times N$ *tem* uma complexidade computacional de $O(N^4 + N^4 \log N)$ e requisitos de armazenamento de $O(N^4)$.

3. Para eliminar este problema do 2D-ST, utilizamos o DOST, que é também uma técnica de resolução múltipla para a extração de características das imagens de impressões palmares e se baseia na transformação S.

4. A DOST tem uma menor complexidade computacional e de armazenamento em comparação com a transformada S porque utiliza um conjunto ortonormal de funções de base, embora mantenha todas as propriedades benéficas da transformada S.

5. O 2D-DOST fornece uma representação da frequência espacial de uma imagem, com uma dificuldade computacional e de armazenamento de $O(N^2 + N^2 \log N)$ e $O(N^2)$, respetivamente. Com o esquema de amostragem diádica de ordem *0, 1, 2;..... log2N-1,* o DOST de uma imagem de palma da mão $N \times N$ $f(x,y)$ é efectuado através dos seguintes passos.

1. A transformada bidimensional de Fourier (FT) é aplicada à imagem $f(x,y)$ para obter amostras de Fourier $F(u,v)$

2. Particionar a amostra de Fourier $F(u,v)$ e multiplicá-la pela raiz quadrada do número de pontos na partição, e efetuar uma FT inversa. De seguida, a imagem de voz é calculada como

$$S(x^1, y^1, v_x, v_y) = \frac{1}{\sqrt{2^{P_x, P_{y-2}}}} \tag{3.10}$$

$$\sum_{u=-2pz^{-2}}^{2^{P_x-2}-1} \sum_{v=-2^{P_y-2}}^{2^{P_y-2}-1} F(u + v_x, v + v_y) Herev_x = 2^{p_x - 1 + 2^{P_z - 2}} and$$

$$e^{2\pi i}\left(\frac{uz'}{2^{P_z-1}} + \frac{vy'}{2^{P_y-1}}\right) \tag{3.11}$$

3. Assim, as características das imagens de impressões palmares são obtidas após a transformação.

3.2 Extração e correspondência de características locais-globais

A técnica de extração de características em qualquer sistema biométrico de impressões palmares é utilizada para obter uma boa separação entre classes no menor tempo possível. As características da impressão da palma da mão são obtidas utilizando 2D-DOST após a conclusão do pré-processamento e da segmentação da ROI da impressão da palma da mão. A variação local da fase instantânea é utilizada para extrair características da impressão da palma da mão. A fase instantânea obtida com o DOST é a resolução da fase em relação ao tempo. As vantagens das características da fase instantânea são a grande exatidão, a resistência à variação da iluminação e a rapidez de correspondência. A distância angular baseada na distância de Hamming normalizada é utilizada para fazer corresponder as duas imagens de impressões palmares.

3.2.1 Funcionalidade global

O DOST é utilizado para extrair a informação de fase instantânea e também pode ser medido como uma transformada de Fourier com janela. A Correlação apenas de fase e a Correlação apenas de fase limitada por banda são utilizadas para fazer corresponder a informação global das duas imagens de impressões palmares.

3.2.1.1 Correlação apenas de fase

Os coeficientes da transformada de Fourier são considerados como a informação global. As duas transformadas de Fourier são emparelhadas utilizando POC. As técnicas baseadas na POC são amplamente utilizadas em tarefas de registo de imagens. Recentemente, uma técnica de POC é considerada como uma medida de semelhança em certos sistemas biométricos (Miyazawa et al 2008; Su et al 2009). A BLPOC é mais eficaz do que a POC tradicional. O BLPOC é aplicado para calcular os parâmetros de translação entre as ROIs das impressões palmares e também para medir a semelhança das transformadas de Fourier das ROIs alinhadas. O POC é um método ativo para calcular os parâmetros de deslocação entre duas imagens de impressões palmares no domínio da transformada de Fourier.

Consideremos duas imagens $N_1 \times N_2$ $f(n_1, n_2)$ e $g(n_1, n_2)$, pressupondo que os intervalos de índices são $n_1 = -M_1 \ldots M_1$ ($M_1 > 0$)e$n_2 = -M_2, \ldots, M_2$ ($M_2 > 0$). Por simplicidade matemática, $N_1 = 2M_1 + 1$ e$N_2 = 2M_2 + 1$. Sejam $F(k_1, k_2)$ e $G(k_1, k_2)$ as transformadas discretas de Fourier 2D (2D DFTs) das duas imagens. $F(k_1, k_2)$e $G(k$ $, k_{12})$ são dadas por

$$F(k_1,k_2) = \sum_{n_1,n_2} f(n_1,n_2) W_{N_1}^{k_1 n_1} W_{N_2}^{k_2 n_2} = A_{F(k_1,k_2)} e^{j\theta_F(k_1,k_2)} \quad (3.12)$$

$$G(k_1,k_2) = \sum_{n_1,n_2} g(n_1,n_2) W_{N_1}^{k_1 n_1} W_{N_2}^{k_2 n_2} = A_{G(k_1,k_2)} e^{j\theta_G(k_1,k_2)}, \quad (3.13)$$

where $k_1 = -M_1, \ldots M_1$, $k_2 = -M_2, \ldots, M_2$, $W_{N_1} = e^{-j\frac{2\pi}{N_1}}$, $W_{N_2} = e^{-j\frac{2\pi}{N_2}}$and the operator $\sum_{n_1 n_2}$ denotes $\sum_{n_1=-M_1}^{M_1}$ ⍰ $\sum_{n_2=-M_2}^{M_2}$. $A_{F(k_1,k_2)}$and $A_{G(k_1,k_2)}$are amplitude components and $e^{j\theta_F}(k_1, k_2)$ and $e^{j\theta_G}(k_1, k_2)$ are phase components.

O espetro cruzado $R(k\ k_{1.2})$entre $F(k\ k_{1.2})$ e $G(k\ k_{1.2})$é dado por

$$R(k_1,k_2) = F(k_1,k_2)\overline{G(k_1,k_2)}$$

$$= A_{F(k_1,k_2)} A_{G(k_1,k_2)} e^{j\theta(k_1,k_2)}, \quad (3.14)$$

em que $\overline{G(k_1,k_2)}$ denota o conjugado complexo de $G(k_1 ,k_2)$e $\theta(k_1 ,k_2) = \theta F(k_1 ,k_2) - \theta G(k_1 ,k_2)$. Por outro lado, o espetro cruzado (ou espetro cruzado normalizado) $R(k_1 ,k_2)$é definido como

$$\hat{R}(k_1,k_2) = \frac{F(k_1,k_2)\overline{G(k_1,k_2)}}{\left|F(k_1,k_2)\overline{G(k_1,k_2)}\right|}$$

$$= e^{j\theta(k_1,k_2)} \quad (3.15)$$

A função POC $r_f(\prod_1 .\prod_2) =$ é a IDFT 2D de $R(k_1 .k_2)$ e é dada por

$$\hat{r}(n_1,n_2) = \frac{1}{N_1 N_2} \hat{R}(k_1,k_2) W_{N_1}^{-k_1 n_1} W_{N_2}^{-k_2 n_2}, \quad (3.16)$$

Where $\sum_{k_1 k_2}$ denotes $\sum_{k_1=-M_1}^{M_1} \sum_{k_2=-M_2}^{M_2}$ (3.17)

A propriedade mais significativa da POC é comparada com a correlação normal e dá precisão na correspondência de padrões. Obtém-se um pico nítido e distinto quando a função POC é a mesma. O pico no POC diminui consideravelmente se as duas imagens de impressões palmares não forem iguais. As figuras 3.1, 3.2 e 3.3 mostram a função POC da ROI para a base de dados PolyUPalmprint, a base de dados COEP Palmprint e a base de dados IIT Delhi Palmprint. Assim, a função POC mostra uma capacidade de perceção muito mais elevada do que a função de correlação normal. Para fazer corresponder as duas imagens de impressões palmares, a altura do pico é utilizada como uma boa medida de semelhança.

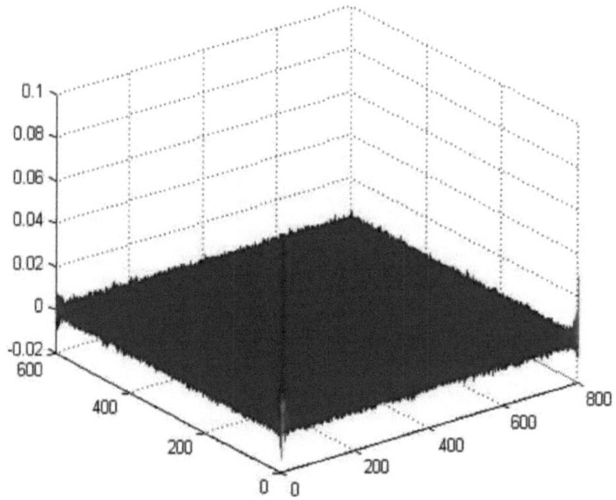

Figura 3.1 Função POC do DOST para a base de dados PolyUpalmprint

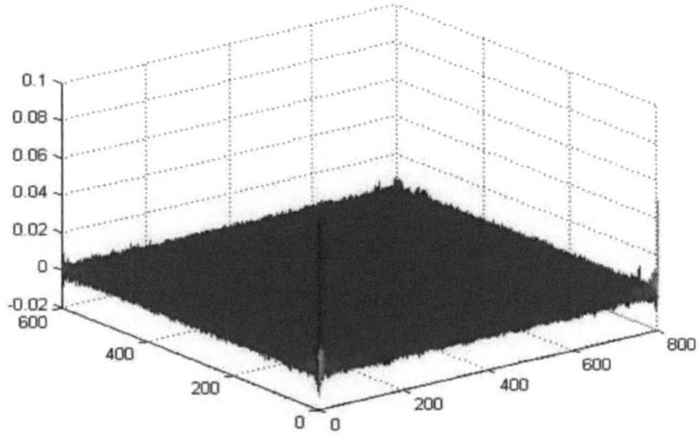

Figura 3.2 Função POC do DOST para a base de dados de impressões palmares COEP

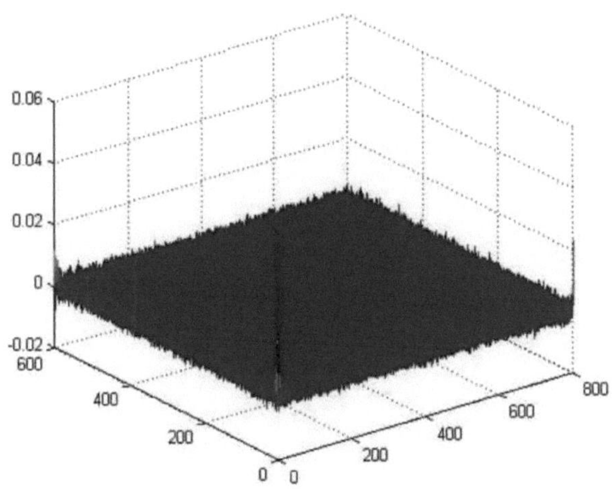

Figura 3.3 Função POC do DOST para a base de dados de impressões palmares do IIT Delhi

1.1 .1.2 Correlação de fase apenas com banda limitada (BLPOC)

No método de correspondência de imagens baseado no POC, todos os componentes de frequência estão envolvidos. No entanto, os componentes de alta frequência são susceptíveis de ruído. O BLPOC é utilizado para eliminar os componentes de alta frequência com ruído. A BLPOC limita a gama de espetro de uma determinada imagem de impressão palmar. A função BLPOC entre duas imagens ROI é medida como a função POC entre as suas versões filtradas passa-baixo com base na definição de BLPOC. Por conseguinte, a função BLPOC pode preservar as propriedades da função POC. A função BLPOC tem um pico distinto se as duas imagens ROI forem iguais. Mas a localidade do pico em duas imagens ROI indica a deslocação translacional. As experiências mostram que a função BLPOC proporciona uma capacidade de perceção muito superior à da função POC original no sistema biométrico de impressões palmares. As figuras 3.4, 3.5 e 3.6 mostram a função BLPOC da ROI para a base de dados PolyUPalmprint, a base de dados COEP Palmprint e a base de dados IIT Delhi Palmprint. Por conseguinte, a dimensão eficaz do espetro é dada por $L_1 = 2U_0 + 1$ $eL_2 = 2_0 + 1$. A função BLPOC é dada por:

$$p_{gf}^{U_0V_0}(m,n) = \frac{1}{L_1L_2}\sum_{u=-U_0}^{U_0}\sum_{v=-V_0}^{V_0} R_{GF(u,v)e^{j2\pi\left(mu/L_1+nv/L_2\right)}} \qquad (3.18)$$

where $m = -U_{0,\dots,}U_0$, and $n = -V_{0,\dots,}V_0$.

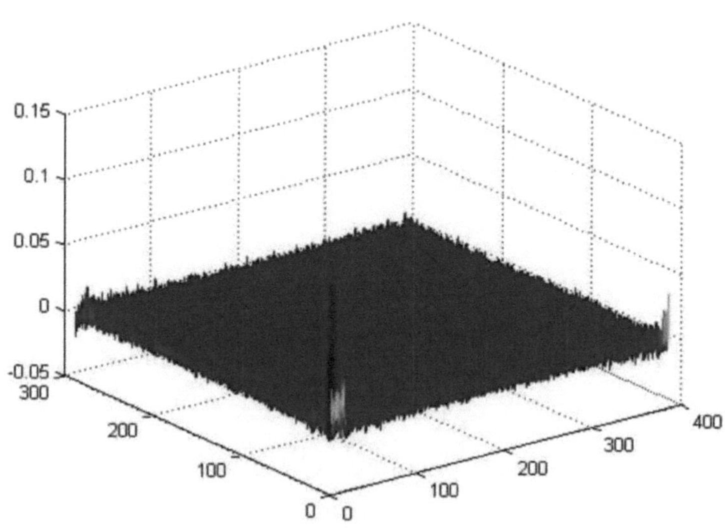

Figura 3.4 Função BLPOC do DOST para a base de dados PolyUpalmprint

3.3 Fusão de informação global local (LGIF) para reconhecimento de impressões palmares

O algoritmo de reconhecimento de impressões palmares baseado no LGIF é descrito nesta secção. O dispositivo de aquisição de imagens de impressões palmares e o sistema de extração de ROI diminuem as transformações simétricas entre ROIs intra-classe. Mas é inevitável porque existe alguma tradução entre as ROI intra-classe nas imagens de impressões palmares. Isto deteriora as pontuações de correspondência genuínas. Este problema é resolvido transformando a informação dada nas direcções horizontal e vertical várias vezes e a mais pequena das distâncias semelhantes subsequentes foi medida como a distância de correspondência final. Este problema é resolvido de uma forma diferente, calculando os parâmetros de deslocação entre duas ROIs utilizando a função BLPOC. De seguida, as regiões mútuas foram cortadas com base na correspondência de padrões. Os parâmetros de deslocação entre duas imagens ROI de impressões palmares são calculados a partir da localidade do pico da função BLPOC global. Em seguida, duas imagens ROI de impressões palmares são alinhadas com base nos parâmetros de deslocação e são extraídas as regiões mútuas. O rácio entre a área da região mútua e a área da ROI original é verificado no sistema de impressões palmares. Após o alinhamento e o corte da área comum, são construídas duas imagens ROI de impressões palmares. Em seguida, a distância de correspondência é obtida através da correspondência de duas imagens ROI de impressões palmares. Na função BLPOC, o valor de pico entre as imagens ROI das impressões palmares é utilizado para calcular a semelhança das suas transformadas de Fourier para obter a distância de concordância. Por conseguinte, foram obtidas duas distâncias de concordância no sistema de impressão digital. Estas duas distâncias são combinadas para obter a distância de concordância final. Em seguida, as duas distâncias de concordância são obtidas a partir de dois combinadores diferentes, nomeadamente o combinador baseado nas características locais (combinador 1) e o combinador baseado nas características globais (combinador 2), sendo adoptada a regra da ponderação máxima (MW). Os pesos são atribuídos de acordo com a taxa de erro igual obtida num conjunto de dados de treino por diferentes combinadores com base na regra de fusão MW. É óbvio que os pesos são inversamente proporcionais aos EERs correspondentes. De seguida, é estimada a distância de correspondência final.

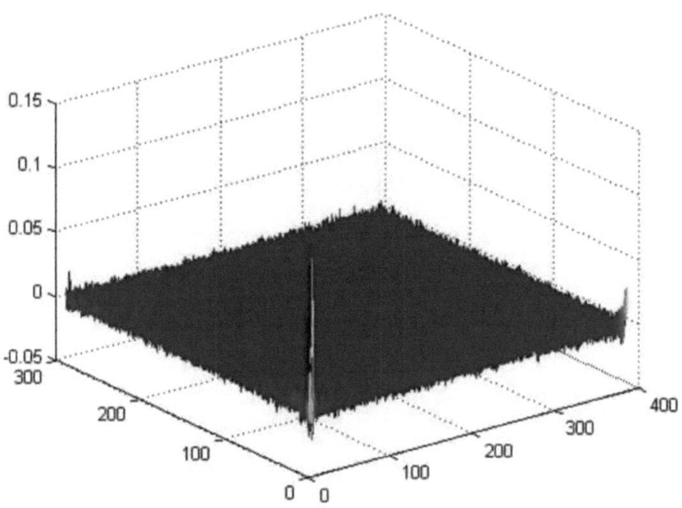

Figura 3.5 Função BLPOC do DOST para a base de dados de impressões palmares COEP

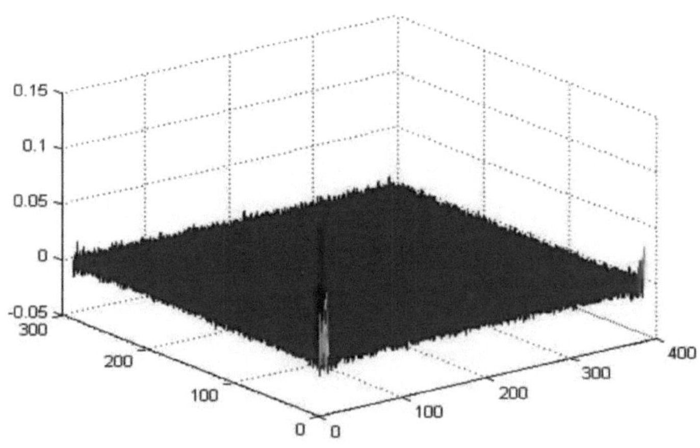

Figura 3.6 Função BLPOC do DOST para a base de dados de impressões

palmares do IIT Delhi

3.4 Resultados experimentais e discussão

A verificação significa a avaliação de um ou mais traços genéticos individuais de uma pessoa que foram identificados de forma única. Nesta tese, foram envolvidas todas as classes de imagens de impressões palmares. As métricas como o EER, a taxa de reconhecimento correto (CRR) e as características de funcionamento do recetor são utilizadas para medir a precisão do reconhecimento. A CRR de um sistema é definida por:

$$CRR = \frac{R1}{R2} X100 \qquad (3.19)$$

Onde *R1* representa o número de reconhecimentos correctos de imagens de impressões palmares e *R2* é o número total de imagens de impressões palmares.

As curvas ROC são utilizadas para analisar o desempenho do sistema biométrico de impressões palmares. A curva ROC é um gráfico da taxa de aceitação genuína (GAR) em relação à taxa de aceitação falsa e é apresentada nas Figuras 3.7, 3.8 e 3.9 para a base de dados PolyUPalmprint, a base de dados COEP Palmprint e a base de dados IIT Delhi Palmprint. A FAR e a FRR de um sistema biométrico de impressões palmares são obtidas ajustando os vários limiares. Sabe-se que tanto o FAR como a FRR estão inversamente relacionados. Assim, num determinado limiar, estas duas curvas intersectam-se. Este ponto de intersecção é designado por EER. O EER é definido quando o FAR é igual à FRR.

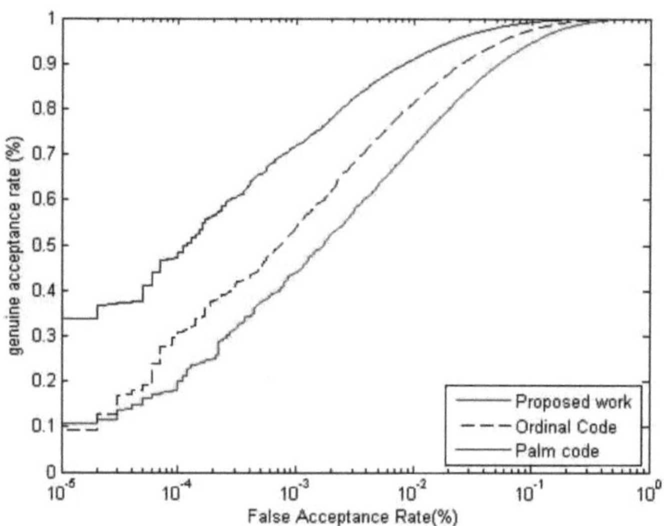

Figura 3.7 Curva ROC do DOST proposto para a base de dados PolyUpalmprint

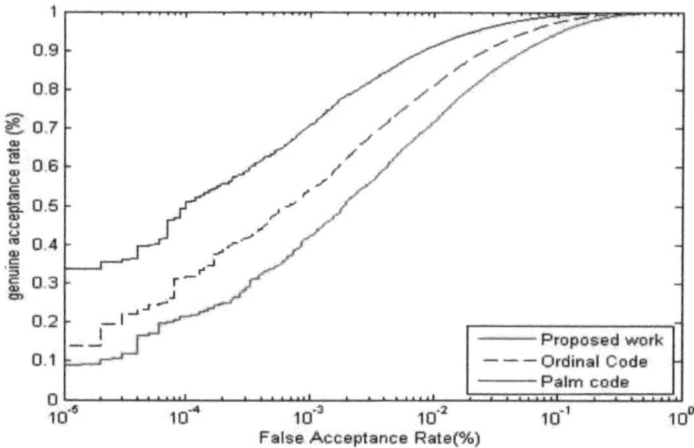

Figura 3.8 Curva ROC do DOST proposto para a base de dados de impressões palmares COEP

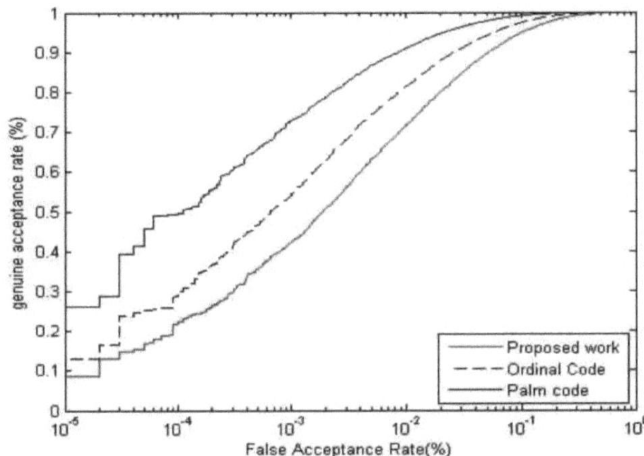

Figura 3.9 Curva ROC do DOST proposto para a base de dados de impressões palmares do IIT Delhi

As distribuições de distância da correspondência genuína e da correspondência impostora obtidas pelos esquemas propostos são apresentadas nas Figuras 3.10, 3.11 e 3.12.

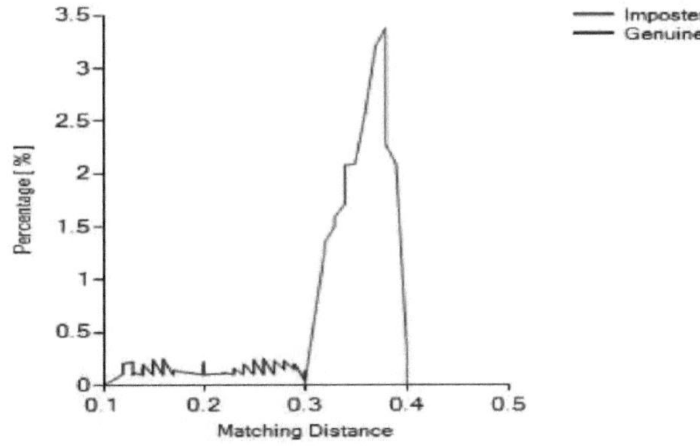

Figura 3.10Distribuição das distâncias das correspondências genuínas e das correspondências impostoras do DOST proposto para a base de dados PolyUpalmprint

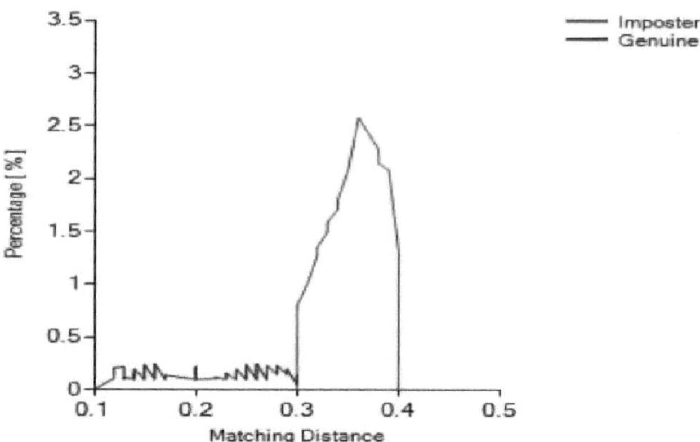

Figura 3.11 Distribuições das distâncias das correspondências genuínas e das correspondências impostoras do DOST proposto para a base de dados de impressões palmares COEP

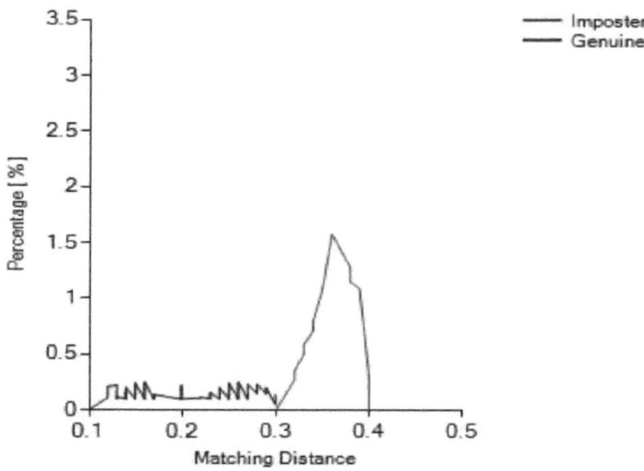

Figura 3.12 Distribuições das distâncias das correspondências genuínas e das correspondências impostoras do DOST proposto para a base de dados de impressões palmares do IIT Delhi

A comparação do desempenho dos diferentes sistemas de verificação da impressão palmar é apresentada no Quadro 3.1 e o Quadro 3.2 mostra o tempo de computação para os principais processos.

Quadro 3.1 Comparação do desempenho de diferentes sistemas de verificação de impressões palmares e DOST

	CRR (%)	EER (%)	DI
(a) Desempenho da base de dados PolyU			
Código da palma da mão	99.91	0.5338	5.5807
Código ordinal	100.00	0.0709	6.6785
DOST	100.00	0.0035	7.2541
(b) Desempenho da base de dados COEP			
Código da palma da mão	99.61	3.6732	3.0734
Código ordinal	99.84	1.7544	3.3966
DOST	100.00	1.2605	4.0228
(c) Desempenho da base de dados do IIT Delhi			
Código da palma da mão	99.68	5.2108	1.800
Código ordinal	100.00	1.1762	2.2174
DOST	100.00	1.0217	3.0168

Tabela 3.2Tempo de computação para processos-chave utilizando DOST

	Extração (ms)	**Correspondência (ms)**	**Total(ms)**
(a) Velocidade dos sistemas para a base de dados PolyU			
DOST	54.56	1.5	56.06
(b) Velocidade dos sistemas para a base de dados COEP			
DOST	85.41	3.07	88.48
(c) Velocidade dos sistemas para a base de dados do IIT Delhi			
DOST	83.34	3.15	86.49

3. 5 Resumo

As imagens da mão adquiridas são pré-processadas e a ROI é extraída. O DOST é utilizado para extrair as características locais. Este método de transformação é utilizado como método de extração de características locais. O DOST é aumentado até ao infinito para obter a transformada de Fourier da imagem. As características locais são combinadas utilizando um classificador de distância mínima. Os coeficientes da transformada de Fourier são utilizados como características globais. As características globais são combinadas através da correlação apenas da fase limitada por banda. Finalmente, ambas as características são combinadas para obter uma elevada precisão de reconhecimento. Os resultados experimentais mostram que o trabalho proposto tem um desempenho melhor do que os trabalhos existentes

REFERÊNCIAS

1. Amraoui, M, Aroussi, ME, Saadane, R & Wahbi, A 2012, 'Finger-Knuckle-Print Recognition Based On Local And Global Feature Sets', Journal of Theoretical and Applied Information Technology, vol. 46, no. 1, pp. 54-60.

2. Aoyama, S, Ito, K & Aoki, T 2011, 'Finger-Knuckle-Print Recognition Using BLPOC-Based Local Block Matching', : proceeding of the First Asian Conference on Pattern Recognition , pp. 525-529.

3. Aoyama, S, Ito, K & Aoki, T 2014, 'A finger-knuckle-print recognition algorithm using phase-based local block matching', Information Sciences, vol. 268, pp. 53-64.

4. Badrinath, GS & Gupta, P 2010, "Stockwell transform based palm-print recognition", Applied Soft Computing, vol. 11, no. 7, pp. 42674281.

5. Badrinath, GS, Kachhi, NK & Gupta, P 2011, 'Palmprint based Verification System Robust to Occlusion using Low-order Zernike Moments of Subimages', Journal of Telecommunication Systems, vol. 47, no. 3, pp. 275-290.

6. Badrinath, GS, Nigam, A & Gupta, P 2011, "An Efficient Finger-knuckle-print Based Recognition System Fusing SIFT and SURF Matching Scores", Information and Communications Security, Lecture Notes in Computer Science, vol. 7043, pp. 374-387.

7. Badrinath, GS, Tiwari, Y & Gupta, P 2012, 'An Efficient Palmprint based Recognition System using 1D-DCT Features', Intelligent Computing Technology, Lecture Notes in Computer Science, vol. 7389, pp. 594-601.

8. Belguechi, R, Cherrier, E, Rosenberger, C & Ait-Aoudia, S 2013, 'Operational bio-hash to preserve privacy of fingerprint minutiae templates', IET Biometrics, vol. 2, no. 2, pp. 76-84.

9. Bertolini, D, Oliveira, LS, Justino, E & Sabourin, R 2010, 'Reducing forgeries in writer-independent off-line signature verification through ensemble of classifier', Pattern Recognition, vol. 43, no. 1, pp. 387-396.

10. Chen, J, Moon, YS, Wong, MF & Su, G 2010, "Palmprint authentication using a symbolic representation of images", Image and Vision Computing, vol. 28, pp. 343-351.

11. Chen, GY & Xie, WF 2007, 'Pattern recognition with SVM and dual-tree complex wavelets', Image and Vision Computing, vol. 25, pp. 960966.

12. Base de dados de impressões palmares do COEP (Colégio de Engenharia de Pune). 2010. Disponível em : <http://www.coep.org.in>

13. Connie, T, Teoh, A, Goh, M & Ngo, D 2005, "Palm Hashing: a novel approach for cancelable biometrics", Information Processing Letters, vol. 93, pp. 1-5.

14. Das, P & Meshram, S 2013, 'Palmprint Recognition using Double Density Wavelet Transform and Local Binary Pattern', International Journal of Digital Application and Contemporary Research, vol. 2, no. 3, pp. 1-5.

15. Drabycz, S, Stockwell, RG & Ross Mitchell, J 2009, 'Image Texture Characterization using the Discrete Orthonormal S-transform', Journal of Digital Imaging, vol. 22, no. 6, pp. 696-708.

16. Ekinci, M & Aykut, M 2008, 'Palmprint Recognition by Applying WaveletBased Kernel PCA', Journal of Computer Science and Technology, vol. 23, no. 5, pp. 851-861.

17. Gao, G, Yang, J, Qian, J & Zhang, L 2014, 'Integration of multiple orientation and texture information for finger-knuckle-print verification', Neurocomputing, vol. 135, pp. 180-191.

18. Guo, Z, Zhang, D, Zhang, L & Zuo, W 2009, 'Palmprint verification using binary orientation co-occurrence vetor', Pattern Recognition Letters, vol. 30, pp. 1219-1227.

19. Han, CC 2004, "A hand-based personal authentication using a coarse-to-fine strategy", Image and Vision Computing, vol. 22, pp. 909-918.

20. Han, CC, Cheng, HL, Lin, CL & Fan, KC 2003, "Personal authentication using palm-print features", Pattern Recognition, vol. 36, pp. 371-381.

21. Han, D, Guo, Z & Zhang, D 2008, Multispectral Palmprint Recognition using Wavelet-based Image Fusion: proceeding of the 9th International Conference on Signal Processing, pp. 2074-2077.

22. Hoang, T, Nguyen, T, Luong, C, Do, S & Choi, D 2013, 'Adaptive CrossDevice Gait Recognition Using a Mobile Accelerometer', Journal of Information Processing Systems, vol. 9, no. 2, pp. 333-348.

23. Hollein, HF 2002, Forensic Voice Identification, Academic Press.

24. Huang, D, Tang, Y, Wang, Y, Chen, L & Wang, Y 2013, 'Hand vein recognition based on oriented gradient maps and local feature matching', Computer Vision, Lecture Notes in Computer Science, vol. 7727, no. 430-444, pp. 430-444.

25. Hussain, A, Bhuiyan, A, Mian, A & Ramamohanarao, K 2013, Aplicação de segurança biométrica para autenticação de pessoas utilizando a caraterística do vaso da retina: procedimento da Conferência Internacional sobre Computação de Imagem Digital: Técnicas e Aplicações, pp. 1-8.

26. Imtiaz, H & Fattah, SA 2011, 'A Wavelet-based Features Selection Scheme for Palm-print Recognition', International Journal of Modern Engineering Research, vol. 1, no. 2, pp. 278-287.

27. Ito, K, Aoki, T, Nakajima, H, Kobayashi, K & Higuchi, T 2008, 'A palmprint recognition algorithm using phase-only correlation', IEICE Transactions on Fundamentals of Electronics, Communications and Computer Sciences, vol. E91-A, no. 4, pp. 1023-1030.

28. Ito, K, Nakajima, H, Kobayashi, K, Aoki, T & Higuch, T 2004, 'A fingerprint matching algorithm using phase-only correlation', IEICE Transactions on Fundamentals of Electronics, Communications and Computer Sciences, vol. E87-A, no. 3, pp. 682-691.

29. Jayaprakash, S & Arumugam, S 2014, 'Efficient Biometric Security System Using Intra-Class Finger-Knuckle Pose Variation Assessment', International Journal of Computer Science and Engineering Technology, vol. 5, no. 12, pp. 1114-1119.

30. Khalifa, AB, Rzouga, L, Essoukri, N & BenAmara, NE 2013, 'Wavelet, Gabor Filters and Co-occurrence Matrix for Palmprint Verification', International Journal of Image, Graphics and Signal Processing, vol. 8, pp. 1-8.

31. Kisku, DR, Rattani, A, Gupta, P, Jamuna Sing, JKC & Hwang, J 2012, 'Human Identity Verification Using Multispectral Palmprint Fusion', Journal of Signal and Information Processing, vol. 3, pp. 263-273.

32. Kulkarni, SS & Rout, RD 2012, 'Secure Biometrics: Finger Knuckle Print', International Journal of Advanced Research in Computer and Communication Engineering, vol. 1, no. 10, pp. 852-854.

33. Kumar 2007, Palmprint Image Database version1, IIT, Delhi, Índia. Disponível em : <http://www4.comp.polyu.edu.hk/~csajaykr/IITD/DatabasePalm.htm> [julho 2010].

34. Kumar, A, Hanmandlu, M & Gupta, HM 2013, 'Ant colony optimization based fuzzy binary decision tree for bimodal hand knuckle verification system', Expert Systems with Applications, vol. 40, no. 2, pp. 439-449.

35. Kumar, R, Ratnesh, P, Keshri, C, Malathy & Annapoorani Panaiyappan, K 2010, "Motion invariant palm-print texture based biometric security", Procedia Computer Science, vol. 2, pp. 159-163.

36. Kumar, A & Ravikanth, Ch 2009, "Personal Authentication using Finger Knuckle Surface", IEEE Transactions on Information Forensics and Security, vol. 4, n.º 1, pp. 98-110.

37. Kumar, A & Zhou, Y 2009, Human identification using knucklecodes : Procedimentos da 3ª Conferência Internacional do IEEE sobre Biometria: Teoria, aplicações e sistemas, pp. 147-152.

38. Kumar, A & Zhou, Y 2009, "Identificação pessoal utilizando as juntas dos dedos características de orientação", Electronics Letters, vol. 45, n.º 20, pp. 1023-1025.

39. Li, W, Zhang, D & Xu, Z 2003, 'Image alignment based on invariant features for palmprint identification', Signal Processing: Image Communication, vol. 18, pp. 373-379.

40. Lu, G, Zhang, D & Wang, K 2003, 'Palmprint recognition using eigenpalms features', Pattern Recognition Letters, vol. 24, pp. 1463-1467.

41. Matos, H, Oliveira, HP & Magalhaes, F 2012, 'Hand-geometry based recognition system-A Non Restricted Acquisition Approach', Image Analysis and Recognition, Lecture Notes in Computer Science, vol. 7325, pp. 38-45.

42. McFadden, PD, Cook, JG & Forste, LM 1999, 'Decomposition of gear vibration signals by the generalized S-transform', Mechanical Systems and Signal Processing, vol. 13, no. 5, pp. 691-707.

43. Middendorff, C 2011, Multi-Biometric Approaches to Ear Biometrics and Soft Biometrics, BiblioBazaar.

44. Miyazawa, K, Ito, K, Aoki, T, Kobayashi, K & Nakajima, N 2008, 'An effective approach for Iris recognition using phase-based image matching', IEEE Transactions on Pattern Analysis and Machine Intelligence, vol. 30, no. 10, pp. 1741-1756.

45. Morales, A, Travieso, CM , Ferrer, MA & Alonso, JB 2011, 'Improved fingerknuckle-print authentication based on orientation enhancement', Electronics Letters, vol. 47, no. 6, pp. 380-381.

46. Nanni, L & Lumini, A 2009, 'A multi-matcher system based on knuckle-based features', Neural Computing and Applications, vol. 18, no. 1, pp. 87-91.

47. Nanni, L & Lumini, A 2009, 'Ensemble of multiple Palmprint representation', Expert Systems with Applications, vol. 36, pp. 4485-4490.

48. Neware, S, Mehta, K & Zadgaonka, AS 2013, 'Finger Knuckle Identification using Principal Component Analysis and Nearest Mean Classifier', International Journal of Computer Applications, vol. 70, no. 9, pp. 18-23.

49. Ong Michael, GK, Connie, T & Beng Jin, A 2008, "Touch-less palm print

biometrics: Novel design and implementation", Image and Vision Computing, vol. 26, no. 12, pp. 1551-1560.

50. Pin, ST, Jin Teoh, AB & Yue, S 2013, "A Survey of Keystroke Dynamics Biometrics", The Scientific World Journal, vol. 2013, pp. 1-25.

51. Pinnegar, CR & Eaton, DW 2003, 'Application of the S transform to prestack noise attention filtering', Journal of Geophysical Research, vol. 108, no. B9, pp. 2422-2431.

52. Salawadgi, S 2014, 'Palmprint Recognition using DCT-mod2 Features and Backpropagation Neural Network', International Journal of Advanced Research in Computer Science and Software Engineering, vol. 4, no. 7, pp. 593-598.

53. Salman, HM 2009, 'Palmprint Characterization Using Multi-wavelet Transform for Human Identification', Engineering and Technology Journal, vol. 27, no. 3, p. 405.

54. Sejdi, E, Djurovi, I & Jiang, J 2008, 'Uma largura de janela optimizada

S-Transform", EURASIP Journal on Advances in Signal Processing, pp. 1-19.

55. Shang, L, Huang, DS, Du, JX & Zheng, CH 2006, "Reconhecimento de impressões palmares

using FastICA algorithm and radial basis probabilistic neural network', Neurocomputing, vol. 69, pp. 1782-1786.

56. Stankovic, LJ 2001, 'A Measure of some time-frequency distributions concentration', Signal Processing, vol. 81, no. 3, pp. 621-631.

57. Stockwell, RG, Mansinha, L & Lowe, RP 1996, 'Localization of the complex spectrum: the S transform', IEEE Transactions on Signal Processing, vol. 44, no. 4, pp. 998-1001.

58. Subray Hegde, S, Aruna, J & Bhat, A 2014, 'Biometria: Access Control and Authorization Based On Finger-Knuckle Print Identification', International Journal of Science, Engineering and Technology Research, vol. 3, no. 6, pp. 1751-1756.

59. Sun, Z, Tan, T, Wang, Y & Li, SZ 2005, Ordinal palmprint represention for

personal identification : proceeding of the IEEE Computer Society Conference on Computer Vision and Pattern Recognition, pp. 279-284.

60. Su, Y, Shan, S, Chen, X & Gao, W 2009, 'Hierarchical ensemble of global and local classifiers for face recognition', IEEE Transactions on Image Processing, vol. 18, no. 8, pp. 1885-1896.

61. Usha, K & Ezhilarasan, M 2013, A Competent Method for Personal Authentication based on Intra-Knuckle Parameter : proceeding of the International Conference on Advances in Information Technology and Mobile Communication, pp. 269-276.

62. Usha, K & Ezhilarasan, M 2013, Personal Authentication based on Angular Geometric Analysis using Finger Back Knuckle Surface : proceeding of the International Conference on Advances in Communication, Network and Computing, pp. 51-58.

63. Venkat Narayana, T & Preethi, K 2010, 'Future of Human Security Based on Computational Intelligence Using Palm Vein Technology', International Journal of Computer Science and Emerging Technologies, vol. 1, no. 1, pp. 6873.

64. Wankou, Y, Changyin, S & Zhongxi, S 2011, Finger-Knuckle-Print Recognition Using Gabor Feature and OLDA: proceeding of the 30th Chinese Control Conference, pp. 22-24.

65. Wayman, J 2001, "Fundamentals of Biometric Authentication Technologies", International Journal of Image and Graphics, vol. 1, n.º 1, pp. 93-113.

66. Xu, X, Guo, Z, Song, C & Li, Y 2012, 'Multispectral Palmprint Recognition Using a Quaternion Matrix', Sensors, vol. 12, pp. 4633-4647.

67. Yuchun, F, Tieniu, T & Wang, Y 2002, Fusion of global and local features for face verification: proceeding of the 16th International Conference on Pattern Recognition, pp. 382-385.

68. Zhang 2009, Universidade Politécnica de Hong Kong (PolyU), FingerKnuckle-PrintDatabase . Disponível em :

http://www4.comp.polyu.edu.hk/~biometrics/FKP.htm> [julho de 2010].

69. Zhang 2010, Universidade Politécnica de HongKong, Base de dados de impressões palmares da PolyU. Disponível em : <http://www4.comp.polyu.edu.hk/~biometrics> [julho 2010].

70. Zhang, D, Guo, Z, Lu, G, Zhang, L & Zuo, W 2010, "An Online System of Multispectral Palmprint Verification", IEEE Transactions On Instrumentation and Measurement, vol. 59, n.º 2, pp. 480-490.

71. Zhang, D, Kanhangad, V, Nan Luo, N & Kumar, A 2010, 'Robust Palmprint Verification Using 2D and 3D Features', Pattern Recognition, vol. 43, no. 1, pp. 358-368.

72. Zhang, D, Kong, WK, You, J & Wong, M 2003, 'Online palmprint identification', IEEE Transactions on Pattern Analysis and Machine Intelligence, vol. 25, no. 9, pp. 1041-1050.

73. Zhang, L & Li, H 2012, 'Codificação de padrões de imagem locais utilizando transformadas de Riesz: With applications to palmprint and finger-knuckle-print recognition", Image and Vision Computing, vol. 30, no. 12, pp. 1043-1051.

74. Zhang, L & Zhang, D 2009, Finger-Knuckle-Print: A New Biometric Identifier: Procedimentos da 16ª Conferência Internacional sobre Processamento de Imagem, pp. 1981-1984.

75. Zhang, L , Zhang, L , Zhang, D & Guo, Z 2012, 'Phase congruency induced local features for finger-knuckle-print recognition', Pattern Recognition, Vol. 45, pp. 2522-2531.

76. Zhang, L, Li, H & Shen, Y 2011, A Novel Riesz Transforms based Coding Scheme for Finger-Knuckle-Print Recognition: proceeding of the International Conference on Hand-Based Biometrics, pp. 1-6.

77. Zhang, L, Zhang, L & Zhang, D 2009, 'Finger-Knuckle-Print Verification Based on Band-Limited Phase-Only Correlation', Computer Analysis of Images and Patterns, Lecture Notes in Computer Science, vol. 5702, pp. 141148.

78. Zhang, L, Zhang, L & Zhang, D 2010, MonogenicCode: A Novel Fast Feature Coding Algorithm with Applications to Finger-Knuckle-Print Recognition: proceeding of the International Workshop on Emerging Techniques and Challenges for Hand-Based Biometrics, pp. 1-4.

79. Zhang, L, Zhang, L, Zhang, D && Zhu, H 2010, 'Online Finger-Knuckle-Print Verification for Personal Authentication', Pattern Recognition, vol. 43, no. 7, pp. 2560-2571.

80. Zhang, L, Zhang, L, Zhang, D & Zhu, H 2011, 'Ensemble of local and global information for finger-knuckle-print recognition', Pattern Recognition, vol. 44, no. 9, pp. 1990-1998.

81. Zhang, XD & Bao, Z 2001, The non-stationary signal analysis and processing, National Defense Industry Press, Beijing.

Printed by Books on Demand GmbH, Norderstedt / Germany